所谓命运，其实就是你的心智模式。

我们不能选择原生家庭，但可以选择如何回应它。

谁痛苦，谁改变；
谁改变，谁成长；
谁成长，谁受益。

子女之于父母，尽管是一场渐行渐远的旅行，
但也是一场且行且珍惜的修行。

翻过那座山

何圣君◎著

人民邮电出版社

北 京

图书在版编目（CIP）数据

翻过那座山 / 何圣君著. -- 北京 ：人民邮电出版

社，2025. -- ISBN 978-7-115-67667-2

Ⅰ. C913.11

中国国家版本馆 CIP 数据核字第 2025L19B28 号

◆ 著　　　　何圣君
　责任编辑　朱伊哲
　责任印制　周昇亮
◆ 人民邮电出版社出版发行　　北京市丰台区成寿寺路 11 号
　邮编　100164　　电子邮件　315@ptpress.com.cn
　网址　https://www.ptpress.com.cn
　天津千鹤文化传播有限公司印刷
◆ 开本：880×1230　1/32
　印张：6.25　　　　　　　　　2025 年 9 月第 1 版
　字数：112 千字　　　　　　　2025 年 9 月天津第 1 次印刷

定价：52.00 元

读者服务热线：**(010)81055296**　印装质量热线：**(010)81055316**
反盗版热线：**(010)81055315**

前 言

"我讨厌我的爸爸。他脾气暴躁，一点就'炸'，在我小的时候，他动不动就对我和姐姐又打又骂……"

"我讨厌我爸。他总是撒酒疯，窝里横，在领导那儿'装孙子'，在家人这儿'充大爷'……"

"我讨厌了我爸爸15年。他不仅没能让我在原生家庭中感受到爱，还无休止地找我要钱……"

"我恨我爸。虽然我不想这么说，但我心里确实有这份恨。因为他，妈妈不要我了……"

"你讨厌你的爸爸吗？我也讨厌过……"

我与许多有着暴君式父亲的"孩子"深谈过，这些"孩子"中，有的已经成家、已经为人父母；有的将近50岁，但一提起父亲就忍不住声音发颤；还有的刚大学毕业，终于可以独立生活……

而我之所以写这本书，很大一部分原因是我爸爸也脾气不好，在我小时候也总是让我感到讨厌。你可以想象一下，一个父亲正在打一个瘦弱的小孩，小孩的母亲过来阻止，却被父亲反手锁住身体……是的，这就是我小时候挨打的真实场景。

在成长过程中，我渐渐形成了讨好型的人格特质。我会强迫自己关注身边人的感受，努力让每个人都感到满意。为了与别人建立良好关系，我会小心翼翼地去迎合他们。发送微信消息时，我常常以积极乐观的表情符号作为结尾。我还担心他人抛出的话题无人回应，于是非常积极地回应他们。在踏上工作岗位后，我与上级相处时更是战战兢兢、心存恐惧。即使后来我担任了公司的领导，面对下属时，我也总是保持笑脸，努力让他们感到高兴。**这一系列的讨好行为曾经让我感到很疲惫并且讨厌自己。**

后来我开始深入研究心理学，逐渐意识到这种人格特质的形成与我的暴君式父亲密切相关。也正是因为在这样一个如同暴君统治下的环境中成长，**我通过某些讨好行为尝到了甜头——少挨了几顿打，逐渐变成了一个习惯于讨好的孩子。**

然而，"讨好"只是暴君式父亲影响下孩子的表现之一。有的孩子变得"好战"，有的孩子变得"回避"，还有的孩子干脆选择了"躺平"。这些策略虽然在他们成长的过程中起到过一定的保护作用，但最终成了他们在生活中需要面对的挑战。

阿德勒说："幸福的人用童年治愈一生，不幸的人用一生治愈童年。"是的，暴君式父亲曾经对我们造成了伤害，让我们不得不用一生去舔舐自己的伤口。

我和人民邮电出版社的朱伊哲老师在讨论这个话题的时候，她问了我一个问题："既然有这么多受到暴君式父亲伤害的人，为什么市面上却很少有针对这一现象、能够帮助他们实现心理自助的书呢？"

我想了想，回答道："这是因为这类自我疗愈并不简单，它涉及同理心、心智模式、思考本质、行为心理、脑科学、沟通策略、关键场景中的选择、心理学工具，以及大量其他复杂的要素。"

朱老师问："那你能不能写一本这样的书呢？"

我很动容。

其实这正是我一直想做的事。自从我投身心理学的研究与实践以来，我常常思考，在暴君式父亲的影响下成长的孩子们所面临的种种困境背后，是否存在某些根本性的问题；当这些孩子在现实生活中遭遇具体挑战时，我是否有更有效的心理学策略和工具来为他们提供帮助和支持。

想到这里，我满怀热情地接受了这一挑战。通过广泛的调查研究，我融合了行为心理学、脑科学、积极心理学等多个领域的理论，并将这些理论与我个人的经验相结合，开发了一系列既通俗易懂又具有实际应用价值的策略与工具。我将这些思考的结晶呈现在本书中，希望能够为你带来实质性的帮助。

你会发现本书与你过去阅读的心理学理论书籍截然不同，它是一本贴近生活的书。书中大多数案例源自我的调研成果，你或许能很容易地与这些案例中的主人公产生共鸣，因为他们面临的问题可能也是你在与暴君式父亲相处时遇到的挑战。因此，虽然本书属于心理学范畴，但它并没有太高的阅读门槛——你自身的生活经验和感受便是理解本书的基础。

同时，这也是一本非常实用的书，旨在为你提供一系列切实可行的心理学策略与工具，帮助你更好地应对与暴君式父亲相处时面临的各种挑战：

如果你的父亲有"债主心态"，你可以通过"设定边界"来应对；

如果你的父亲情绪不稳定，你可以通过"三步走策略"来与他进行有效沟通；

如果你对你的父亲又爱又讨厌，则可以培养"非整合"能力来让自己更自洽；

…………

而且，除了提供应对策略与工具，书中还特别设计了关于自我疗愈的内容，旨在引导你踏上自我疗愈的旅程。在这段旅程中：

你会摆脱自我强迫，变得松弛；

你会摆脱"老实人"标签，学会合理释放攻击性；

你将习得进行非暴力沟通的具体步骤，一步步说出你的委屈，让自己舒服；

你将摆脱代际创伤传承，成为你孩子的好母亲或好父亲；

你更会不断获得滋养，最终成为一个蓬勃的人。

因为，我写本书的重要目的，并不是抱怨、诉苦，而是希望与我有相似经历的你，可以与"内在文案"和解，学会从容应对，活出更好的人生。

沃伦·巴菲特曾说："一个人的出生，本身就像抽中了'卵巢彩票'，能够来到这个世界已是最大的幸运。"我们必须承认，一个人无法选择自己的原生家庭，也无法选择自己的父亲。但是我相信，我们可以通过自我疗愈的策略与工具来重新"养育"自己。接下来，就让我们开始这趟重新"养育"自己的旅程，一起有策略地成为更好的自己。

何圣君

目 录

第一章　**起点**

家是父亲的"王国"，我曾是卑微的"臣民"

暴君式父亲："老 K" / 002

长大后的"臣民"，走不出的困境 / 009

请拆掉思维里的"墙"，逃离暴君式父亲的影响 / 015

第二章　**洞察**

看透本质，及时调整

扫兴的"东亚父亲"，还不完"债"的孩子 / 022

一个家庭最可怕的不是穷，而是有个制造内耗的

父亲 / 028

为什么父亲总是对你进行失败预言 / 034

你需要做的不是原谅父亲，而是学会自我抽离 / 040

减轻"内在父亲"的消极影响，治愈自己的"内在

小孩" / 044

第三章　疗愈

创伤不是你造成的，但疗愈是你的课题

谁痛苦，谁改变 / 052

允许自我强迫，也允许松弛一点 / 058

摆脱"老实人"标签，学会合理释放攻击性 / 064

学会与情绪闪回保持精神隔离 / 070

用非暴力沟通策略说出你的委屈 / 076

第四章　策略

真正的强大，不是隐忍，更不是直接对抗

父亲情绪不稳定，怎么办 / 084

父亲一回家我就神经紧绷，怎么办 / 089

无法和父亲正常沟通，怎么办 / 095

父亲对外人热情友好，对家人却恶语相向，怎么办 / 102

在家总是感觉被控制，怎么办 / 108

被指责忘恩负义，怎么办 / 114

对父亲又爱又讨厌，内心矛盾，怎么办 / 120

总是想向父亲证明自己，怎么办 / 126

发生代际创伤传承，怎么办 / 132

总是下意识地和父亲对抗，怎么办 / 139

第五章　**工具**

　　　　心理自助工具箱

　　情绪急救工具 / 146

　　行为疗愈工具 / 153

　　社会滋养工具 / 159

第六章　**掌控**

　　　　内部掌控，外部影响

　　沉浸式做自己，做得不是很好也没关系 / 166

　　活出从容的气质 / 173

　　从今天开始，成为一个蓬勃的人 / 179

后记 / 185

第一章

起点

家是父亲的"王国"，我曾是卑微的"臣民"

暴君式父亲："老K"

你是否曾经感到困惑，为什么听到"父亲"这两个字时，联想到的并不是慈爱与坚强的形象，而是如同一个暴君般的形象？在许多文明中，父亲通常被描绘成家庭的支柱——一个既强大又充满爱心的角色。然而，现实有时会背离你的期待。

或许你曾期待，当你需要支持和安慰的时候，父亲能够给予你坚实的依靠；当你面临选择时，他能给予你理智的建议。但是，现实中你看到的却是另一种完全不同的景象。你可能发现自己面对的是一个情绪不稳定、过度关注自身，甚至有时会在家中滥用权威的人。

这种落差让你感到迷茫和失望。你甚至问自己："为什么我的经历如此与众不同？为什么我感受到的'父爱'充满了不确定性和恐惧，而不是温暖与安全？"这些问题难以轻易找到答案，但重要的是你要知道你的感受是真实的，也是值得被理解和重视的。

所以，我特别想和你聊聊这个世界上真实存在的4种暴君式父亲，我把他们称为"老K"。

01 黑桃 K 型父亲

第一个登场的是黑桃 K 型父亲，他的特点在于情绪极度不稳定，他仿佛一颗定时炸弹，随时可能因为一点小事就"爆炸"。这类父亲的行为模式往往会给家庭成员带来持续的压力。

情绪易变是黑桃 K 型父亲最典型的特征之一，他的情绪往往前一秒还"风和日丽"，后一秒就"雷电交加"。比如，你和家人一起准备晚餐，气氛原本轻松愉快。突然间，不知道是哪句话没说对，就惹得父亲暴怒。他开始大声指责你们不尊重他，甚至开始翻旧账。这样的场景经常出现，使得家里除父亲外的人都有一种"伴君如伴虎"的感觉。

黑桃 K 型父亲的这种情绪多变性让家庭成员不知道何时何地会发生何种冲突。即使是最微不足道的事情也可能引发他强烈的情绪反应，这导致家庭成员在日常生活中不得不小心翼翼，生怕说错话或做错事。

容易反应过度也是黑桃 K 型父亲的特征之一。 我还记得在初中的时候，我正专心致志地背诵英语单词。有一次，当我反复背诵"blind"（盲人）这个单词时，因为发出的声音比较大，加上我的父亲患有严重的眼疾，仅能看到把手虚握成拳放在眼前的区域，所以他突然间大发雷霆，认为我在故意讽刺他。尽管我当时完全没有这样的意思，但他依然被激怒，误解了我的行为。

缺乏同理心也是黑桃 K 型父亲的显著特征。这类父亲往往无法站在他人的角度思考问题，更无法理解他人的情感需求。请想象一下，某天你在工作中遇到了挫折，心情沮丧地回到家，希望能得到一些安慰和支持。然而，当你向父亲倾诉自己的感受时，他不但没有给予你安慰，反而批评你不够坚强，认为你应该从自己身上找问题。试问：这会不会让你感到更加孤独和无助？是否会让你感觉自己的感受对父亲来说无关紧要？

02　红桃 K 型父亲

我们再来看看红桃 K 型父亲，这类父亲有 3 个特征。

红桃 K 型父亲的一个典型特征是对外礼貌，对内苛刻。在外人眼中，这类父亲是谦谦君子，总是表现得很有教养，待人接物十分得体。然而，一旦回到家中，他就会变得完全不同。哪怕是摆放拖鞋这样的小事，他也会要求你达到近乎完美的标准。稍有不慎，他就会立即变得严厉起来，大声指责你。

面子至上是红桃 K 型父亲的另一个典型特征。面子至上是红桃 K 型父亲奉行的价值观，这种观念使他在面对家庭成员的困难时，关注得更多的是自己的社会形象，而非家庭成员的真实感受。

比如，在你小时候，他不能容忍你在任何方面落后于其他孩子，因为这会让他觉得颜面尽失。而当你长大后，他依旧无法接受你在任何方面逊色于他人，因为这会让他认为有损他的名声。在这种情况下，他往往会用冷漠甚至苛责的态度来对待你，而非给予你理解和支持。

曾有一名女士因为丈夫出轨而决定离婚。在做出这个艰难的决定后，她回到父母家寻求情感支持，希望能够获得一丝安慰。然而，她万万没想到，她的父亲说出了让她寒心的话："你不要以为离了婚，我就会养你一辈子，你现在真给我丢脸。"

这名女士坦言："这句话像一把尖刀刺痛了我的心。我以为父母是可以依靠的避风港，却没想到我的父亲如此冷漠。我回到房间，泪水止不住地流淌，我感到前所未有的绝望和孤独。"

"他的权威不容挑战"也是红桃K型父亲的典型特征。
在家里，这类父亲就是"国王"，而其他家庭成员则是"臣民"，"臣民"必须有"臣民的样子"。"臣民"越雷池半步，就会立刻受到"国王"的惩罚。比如，他可以随意地与家庭成员开玩笑，但当你和他开玩笑时，他立刻就会变得严厉起来，指责你不懂得尊重长辈。这种双重标准反映了他对权力的固守及对家庭成员平等交流的排斥。

03　方块 K 型父亲

　　方块 K 型父亲的特征主要表现为高度的自我中心主义和强烈的控制欲望。这类父亲总是会把自己的意愿置于家庭成员的意愿之上，并试图掌控家庭中的每一处细节。

　　方块 K 型父亲最典型的特征是一切以自我为中心。 比如，我见过一位父亲，他事业有成，总是忙于工作，很少陪伴家人。每次家庭聚会时，他总是设法把自己变成焦点，讲述自己的所见所闻，而很少询问其他家庭成员的情况。在其他家庭成员分享重要的事情时，他也常常打断他们，转而谈论自己想表达的。

　　控制欲强更是方块 K 型父亲的特征，尤其在一些诸如填写志愿、确定职业发展方向的场景当中。 方块 K 型父亲会坚持认为你应该选择他认为最好的专业，而不是根据你的兴趣和特长来决定。他可能会告诉你，只有按照他的安排去做，你才能有光明的前途。即使你已多次尝试表达自己的想法，他也总是以"我是为你好"为理由，坚持他的选择。这种行为很容易让你感到自己的独立性受到压制，仿佛自己只是一个执行命令的工具。

04　梅花 K 型父亲

最后登场的是梅花 K 型父亲，这类父亲的特征在于他们在家庭中不仅打压母亲，还有可能对孩子实施不同程度的霸凌行为。这种行为模式不仅会破坏家庭成员间的信任，还会给家庭成员带来长期的心理阴影。

打压母亲。梅花 K 型父亲经常对母亲表现出不尊重的态度。无论是家务分工还是家庭决策，他总是以自己的意见为主导，甚至会在公开场合贬低母亲的能力和贡献。

这种对母亲的打压行为，实际上是一种权力的滥用。梅花 K 型父亲通过这种方式来巩固自己在家庭中的主导地位。忽略母亲的感受和贡献，会让母亲感到自卑与无力，还给孩子树立了一个错误的榜样：**男孩长大后可能会无意识地进行代际创伤传承，即变成父亲的"翻版"；女孩则容易陷入强迫性重复的怪圈，倾向于寻找与父亲性格相似的伴侣。**

对孩子实施霸凌。在你成长的过程中，梅花 K 型父亲会经常使用具有霸凌性的言语和行为来管教你。当他对你的表现不满意时，他会大声呵斥你，有时甚至会对你使用肢体暴力。这让你感到恐惧，害怕与他交流，生怕自己的言行会引发他的不满。

05　最后的话

改变的第一步是意识到问题的存在，并勇于面对它。

尽管面对暴君式父亲的确会让你备感煎熬，但你要认识到，你并非孤单一人，世界上有许多人正处于类似的困境，而且有很多策略可以帮助你走出这些困境。

是的，原生家庭里的暴君式父亲虽然很难改变，但你对待他的方式可以由你自己决定。

长大后的"臣民"，走不出的困境

在暴君式父亲的"统治"下长大是一种怎样的体验？

由于4类"老K"通常表现出专制、强控制欲，对待家人严厉且缺乏同理心等特点，因此，在他们的影响下成长起来的孩子，往往需要在"极权"与恐惧的影响下寻找生存之道，而为了适应这种极端的家庭氛围，他们通常会发展成4种特定类型的孩子。

01 战斗型孩子

面对暴君式父亲，一些孩子可能会发展成战斗型孩子。**为什么？因为"战斗"有时候很管用，尤其当他们面对的是红桃K型父亲或方块K型父亲时。因为这两类父亲在4类暴君式父亲中战斗力相对偏弱，所以孩子通过反抗能够取得一定的胜利。**

小小胜利带来的强化作用会逐渐教会孩子如何维护自己的权益。这让他们开始坚信权力和控制可以带来安全感，于是他

们逐渐学会通过反抗来维护自己的尊严。

这种反抗不仅是身体上的对抗，更是心理层面的斗争。在成长过程中，他们逐渐掌握如何用坚定的态度和有力的言辞来表达自己的观点，即使这意味着要承受来自父亲的更大的压力。

可是在成年之后，深入骨髓的"战斗"习惯会产生副作用。由于早年形成了对抗心态，他们在人际交往中可能显得过于强势，不易妥协。这会导致他们在团队合作中遇到困难，或与伴侣、朋友产生摩擦。

而且，战斗型孩子还很有可能会发展出自恋型防御机制，以蔑视的姿态来羞辱和恐吓他人。他们中的一些人表面上很友好，会倾听他人并给予他人帮助；实际上，他们仍然是霸凌者，常常向他人（如下属、配偶或孩子）发泄他们的情绪。

是的，**战斗型孩子让代际创伤传承变成了现实。**

02　回避型孩子

回避型孩子的产生源于一种生存策略——回避。

与战斗型孩子的父亲不同，回避型孩子的父亲通常是情绪不稳定的黑桃 K 型父亲。为了避开与父亲的直接冲突，**回避型孩子在小时候会尽量避免引起父亲的注意，保持低调，**

这在客观上减少了他们受到的惩罚。这种回避策略在某种程度上为他们带来了安全感。

在回避的过程中，这类孩子容易出现两种情况。

一种情况是表现出多动症，学习成绩一塌糊涂。这是因为在缺乏关爱的原生家庭中，孩子的精神长期处于高度紧张状态，于是孩子通过"多动"来发泄内心的情绪。

另一种情况则是变成发奋学习的优秀学生。一方面，这是为了避免父亲的过度关注；另一方面，面对父亲的苛责和压力，孩子会启动一种被称为"解离"的心理机制，即通过做白日梦或高度集中注意力来暂时减轻现实的压力，例如，专注于学习或其他活动，从而获得一种暂时的解脱感。**随着年龄的增长，这类孩子很可能会变成"工作狂"和完美主义者。**他们就像一台永远处于"运行"状态的机器，通过忙碌来逃避内心的痛苦。他们觉得自己必须变得完美才能得到别人的爱。这种心态使他们在工作中不断追求卓越，而他们却很难获得真正的满足感。

此外，**女性回避者在成年后容易陷入"强迫性重复"的模式，**她们往往会反复爱上与父亲性格相似的人，这些人通常具有自恋特质，对待她们既苛责又冷漠。这反映了她们潜意识中希望通过与类似的人建立关系来修复过去的创伤，但往往她们会再次受到类似的伤害。

03 "躺平"型孩子

"躺平"型孩子选择了一种极端的应对方式——放弃抵抗。

这类孩子很可能有一个黑桃 K 型父亲或梅花 K 型父亲，尤其是梅花 K 型父亲，这样的父亲战斗力极强，这会让孩子觉得任何形式的反抗都是徒劳的，因此选择接受现状而不愿意尝试改变。他们可能认为，无论自己如何努力，都无法改变父亲的专制行为，也无法改善自己的处境。

没错，**"躺平"型孩子很容易产生习得性无助，即在长期遭受无法预测或控制的负面事件后，逐渐失去改变或掌控情况的信心，产生一种无助感。**

这类孩子会渐渐变得孤僻，不愿意与人交往，更倾向于活在自己的世界里。他们可能会沉迷于电视、网络和游戏，以此来逃避现实生活。

成年后，"躺平"型孩子也会在多个方面受到影响。在职场上，他们缺乏进取心，不愿承担更多的责任或挑战新的任务；在人际关系中，他们不愿意主动与他人建立深层次的联系。

04 讨好型孩子

最后，我们再来看看讨好型孩子。

讨好型孩子的产生基于一种生存策略——取悦。与战斗型和回避型孩子不同，讨好型孩子试图通过表现良好、满足父亲的要求来减少父亲的不满，以换取某种程度的安全感。

我就是讨好型孩子。在儿时，我学会了察言观色，时刻关注父亲的情绪变化，并可以迅速调整自己的行为来避免激起父亲的怒火。这种观察不仅是对父亲情绪的观察，还包括对他的健康状况高度敏感。有时候，我甚至会担心熟睡中的父亲突然离世，直到观察到他的身体因呼吸而起伏时才安下心来。

这种高度敏感性让我在家庭生活中始终处于紧张状态，生怕父亲不满。我不断调整自己的行为，尽量不让父亲生气，哪怕这会让我压抑自己的需求和情感。

讨好型孩子可能会过分依赖他人的认可，害怕被拒绝和批评。他们常常牺牲自己的需求来满足他人的期望。例如，在微信聊天结束时，我总会发送一个表情符号来结束对话，或者以"~"符号结尾，希望对方感到满意。事实上，我只有这样做了，才会感到心安。

成年后，讨好型孩子容易在人际关系中扮演牺牲者的角色，过于在意他人意见，不敢表达自己的真实想法和需求。如果他们不做出改变，就难以在亲密关系中建立平等健康的互动模式。在职场上，他们也更容易成为"老好人"，倾向于顺从他人，压抑自己的需求。

05　最后的话

当然，在现实生活中，很少有人完全符合上述某一种类型。大多数人在面对暴君式父亲时，会根据不同的情况和个人特质，发展出以某一种类型为主的混合型行为模式。

尽管过往的经历可能塑造了我们当下的行为模式，但意识到这一点本身就是改变的开始。每个人都有能力挣脱过去的束缚，通过自我认知与成长，逐渐培养更健康的生活态度，进而拥抱更加充实的人生。

请拆掉思维里的"墙"，逃离暴君式父亲的影响

现在，你已经大致了解了在暴君式父亲影响下长大的孩子有哪些典型的性格和行为特征，但这些都只是表面上展现出来的"果"；真正让他们无法逃离暴君式父亲的影响的"因"，是他们根深蒂固的心智模式。

01　心智模式决定命运

有一句话是这样说的："**所谓命运，其实就是你的心智模式。**"

什么是心智模式？它是深植我们心中的关于我们自己、别人、组织及周围世界每个层面的假设、形象和故事。在具体的场景中，你可以把心智模式理解为我们面对外界刺激时第一时间做出的反应。比如，你可以想象一下，当你在食堂排队等待打饭时，身后的那个人始终站得离你很近，你会有怎样的反应？是否每当队伍向前移动，你便会本能地与身后的人拉开一定的距离？然而，实际上那人并未紧贴着你，你

们之间仍有大约 30 厘米的距离。为什么他对此毫不介意，而你却感到不适？因为你们的边界感不同，而这正是你们各自心智模式的一种体现。

在暴君式父亲的影响下成长起来的孩子，无论是在特定情境下展现出的对抗、回避、"躺平"还是讨好，都是他们基于自身心智模式做出的第一反应。这些反应不仅会决定他们在日常生活中的行为模式，还会进一步影响他们的人生轨迹，最终塑造他们的命运。这一逻辑链条构成了一堵"墙"，将你困在了当前的局面之中。

02 拆"墙"五要素

想要拆掉这堵思维里的"墙"，逃离暴君式父亲的影响，你需要从以下 5 个要素入手，逐一破解这些内在的障碍。

要素一：洞察

要真正理解并改变在暴君式父亲的影响下形成的心智模式，首先要洞察。这需要你学会看透本质，尝试着深入剖析自己，识别那些潜藏在你内心深处的假设、信念和故事，了解它们是如何塑造你的行为和帮助你感知世界的。你只有清晰地看见它们，才能有效地应对它们。

当然，洞察的过程无法一蹴而就，而是需要时间和耐心的。在这个过程中，重要的是学会及时止损，即当你意识到某些行为模式或思维方式正在对你造成负面影响时，你要敢于停止采用这些行为模式或思维方式，不让它们继续危害你的心理健康和个人发展。比如，我作为一个讨好型孩子，在意识到自己总是无条件地顺从他人的意愿，以至于忽略了自身的需要时，就需要立刻停下来，反思这种行为的动机是什么，以及它是否对我有好处。通过及时识别这些问题，并采取措施来调整行为，你也可以逐渐减少暴君式父亲对你的影响，从而摆脱你原有的心智模式。

要素二：疗愈

洞察之后要做的是疗愈。它要求你针对那些已被你识别的心智模式采取积极的干预措施，从而修复内心的创伤。

在疗愈过程中，重要的是你认识到**改变始于自己**。只有当你愿意面对并修复内心的创伤时，真正的改变才会发生。我之所以要强调这一点，是因为很多人都会陷入一种想要改变"源头"的误区。的确，上游的污染源会影响下游的水质；如果暴君式父亲突然变得慈眉善目，你自然也不用在面对他时备受折磨了。但是，上游的污染源真的能够轻易改变吗？如果能，为什么这么多年来毫无变化？所以，只有深刻地认识到改变始于自己，疗愈才可能真的开始。

要素三：策略

如果说疗愈要求你针对自己的心智模式采取积极的干预措施来修复内心的创伤，那么策略则是让你在不舒服的场景中学会执行具体的行动计划来应对挑战。这两个过程是相辅相成、同步进行的。主要的挑战来源于两类场景。

第一类是直面暴君式父亲时的场景。

即使你现在长大了，父亲也老了，但你仍然害怕回家。每次回家时，你仍旧无法和父亲进行很好的沟通。例如，有一个朋友提到，她在家里打鸡蛋时，只用了一根筷子，她父亲看到后就突然吼她："哪有用一根筷子的？！用两根！"这声吼叫吓得她一哆嗦。后来，她不得不处处小心谨慎，生怕哪里又做错了。

第二类则是暴君式父亲不在场时的场景。

尽管父亲不在场，他的影响也可能一直伴随着你。例如，一个朋友提到，虽然她的父亲已经去世多年，但她仍会因为一声来自别人的吼叫而产生情绪闪回（过去经历的强烈情感在当前环境或体验中突然重现，并且给人带来明显的负面影响）。

要素四：工具

这里的工具是指具体的心理学工具。这就好比拆掉真实的墙需要锤子和凿子一样，拆掉思维里的那堵"墙"也需要一系列具体的心理学工具。

当你掌握了一些简单的心理学工具的使用方法，并且在产生情绪闪回等反应时及时使用它们，你就能更好地管理自己的情绪，逐渐减少暴君式父亲带来的负面影响。

要素五：掌控

掌控是在习得前 4 种要素后，你所呈现的一种状态。

有一句话说得好：**"别成为受害者，要成为掌控者。"**

当你成为一个从容的掌控者后，再面对过往经历的影响和当前挑战的刺激时，你会发现，自己已经不太容易被动地接受现状、自怨自艾了，而是能主动调动心理状态并采取行动去改善当前的处境。

每个人都能成为自己命运的掌控者，你的心智模式也将在你成为掌控者之时被改变！

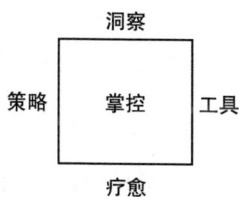

拆"墙"五要素

03　最后的话

昨日的你造就了今日的你，但明日的你不必再是今日的模样。

在拆除思维之"墙"的道路上，每一个要素都至关重要。从洞察到疗愈，再到制定策略、运用工具，直至最终达到掌控的状态，这是一个不断超越自己、重新养育自己的过程。在这个过程中，你会遇到挫折，也会有进展缓慢的时候，但关键是保持前进，即便步伐微小。

我将在本书后面的章节中进一步讲解这些要素。我们将深入探讨如何实施洞察、怎样通过疗愈来恢复内心的平静、如何制定有效的策略来应对生活中不可避免的挑战，以及如何选择和使用恰当的心理学工具来辅助你成长。同时，我们也会探讨如何达到一种新的生活状态——掌控。这不是一个终点，而是一个新的起点，从这里开始，**你可以自由选择你想成为的样子，而不是被过去的经历所定义。**

成为自己命运的主人，意味着接受自己的全部，包括那些不完美的部分。毕竟，你最伟大的作品往往是你自己。

第二章

洞察

看透本质，及时调整

扫兴的"东亚父亲"，还不完"债"的孩子

请想象一下。

假期你回到家，给家里人做了 6 道新学会的精致小菜和一大碗水煮牛肉，甚至还搭配了经过摆盘的水果。

可父亲坐下来后，不但没有夸你，还责备你："菜做得太多了，浪费！水煮牛肉太辣了。有时间摆弄水果造型，还不如做些简单实用的。"

听到这些话，你会有何感想呢？会不会觉得自己怎么又热脸贴了冷屁股，随即涌起一股难以言喻的情绪，原本满满的成就感和喜悦也瞬间消失了呢？

01 "东亚父亲"的"债主心态"

网上有人总结了和这类父亲相处的特点："和他分享快乐，快乐就会消失；向他倾诉烦恼，烦恼就会加倍。"

网友说的一点都没错，但他们忽略了一个问题，那就是你为什么要和暴君式父亲分享快乐，为什么要向他倾诉烦恼？

要知道，很多"东亚父亲"成长在一个物资相对匮乏的时代，因此他们往往更重视实用性和经济性。对他们来说，食物是用来填饱肚子的，而不是用来展示美感的。因此，当看到孩子花费大量时间和精力去做一些"花哨"的事情时，他们很可能会觉得这是浪费。

请你想一想：**你为什么要做类似"准备一桌丰盛菜肴"的事情？**

一个非常真实合理，但你可能不太愿意接受的答案是：你**潜意识里其实在讨好暴君式父亲，试图以物质换取情绪价值。**

不要以为只有讨好型孩子才会讨好暴君式父亲。实际上，其他类型的孩子，哪怕是战斗型孩子，在暴君式父亲面前，也可能会表现出一定的讨好行为。比如，我有一个朋友，她在很多人眼中非常强势，但她也坦承自己在父亲面前并没有少做讨好的事情，比如给父亲买价格不菲的礼物，带父亲去环球旅行，等等。然而，即便她做了这些事，她的父亲仍然"这里不满意，那里不高兴"，让她的讨好变成了"费力不讨好"。

所以，你看到了吗？**在这个世界上，其实很多东西并不是用物质可以换到的！**

即便是在紧密程度相对低一些的亲密关系中，你都没有办法用物质去换取情绪价值，更不用说你和父亲的这种亲子关系了。

因此，扫兴的"东亚父亲"，尤其是更扫兴的东亚暴君式父亲是客观存在的，**你只能接受他们，很难改变他们。**

可是，为什么会这样呢？**这和所谓的"债主心态"有一定的关系。**

所谓"债主心态"，是指一些父亲在养育孩子的过程中，曾经背负过不少无形的压力，他们认为自己为孩子的成长做出了巨大的牺牲。**这种心态使他们觉得你为他们做的一切都是理所应当的。一旦你的行为不符合他们的预期，或者你无法给予他们正面的反馈，他们就倾向于用批评的方式来表达自己的不满。**我听过一个故事，有个女儿出于好意想为父亲操办 70 岁生日宴会，但父亲期望的排场远远超出女儿的支付能力，结果造成了预想不到的压力和不满。

你看，在这种"债主心态"的加持下，暴君式父亲是不是很难理解和认同孩子所做的努力？

02 你该如何应对

理解本质是一回事，应对又是另一回事。

首先，你要思考清楚你的目的是什么。

这一步非常关键。例如，你到底是想要"和父亲和睦相处"还是想要"做真实的自己"？举个例子，每次回家之前，很多子女都会想到底给父亲买什么礼物好，这时，暴君式父亲的子女就会格外纠结：买贵的礼物，可能会被认为浪费钱；买便宜的礼物，又怕不够体面。

你先别纠结到底是买贵的礼物还是买便宜的礼物，请你先思考：**为什么回家非要买礼物呢？你买礼物的目的是什么？**是的，很多时候我们之所以会陷入这种两难境地，是因为我们在潜意识中希望得到父亲的认可。

那有没有其他双方都觉得不错的方式能帮你获得父亲的认可呢？我的父亲还在世的时候，我不会在节日时给他买礼物，但我每个月都会给他零用钱。虽然钱不多，每个月才300元，甚至每次父亲看到我把钱放在茶几上时都没有什么表情，但我从母亲那里得知，他其实非常受用。

当然，我并不是说你也应该每个月给你的父亲零用钱，因为这种方式并不适用于每个父亲。但你可以通过"试错"并通过诸如母亲这样的消息渠道获得反馈，从而找到适合你们的方式。

其次，你还需要设定好你的边界。

暴君式父亲既然有"债主心态"，那他就很难有边界感，这是你不得不接受的现实。

所以，**你越"退"，他就会越"进"。你的一味忍让换**

不来他的理解。你只有明确表达自己的感受，才能唤醒他。

让我们回到本节开头的那个例子，你可以这样说："爸爸，我花了很多时间和精力准备这顿饭，虽然饭菜可能不合您的口味，但我真的很希望您能感受到我的心意。"如果父亲仍有微词，你还可以继续讲："爸爸，我知道您希望我能更加务实，但我也有自己的兴趣和爱好。我们能不能一起找到一个平衡点，既让我能表达自己的创意，又不至于让您觉得浪费？"

一旦设定了边界，就要坚守它，不要轻易妥协。例如，如果你决定不再为了讨好父亲而做过多的准备，那么每次回家都应该坚持这一原则，而不是偶尔又变回老样子。

因此，那个父亲期望的排场远远超出自身支付能力的女儿，可以明确指出："爸爸，我的预算只有10000元，我希望我们能在有限的预算内找到一种合适的庆祝方式。"

当你有了明确的边界，你就能更好地应对暴君式父亲的"债主心态"。

03 最后的话

面对那些根深蒂固的行为模式，特别是当你面对暴君式父亲时，改变确实需要时间和勇气，它始于对本质的洞察和

有边界感的沟通。

正如阿德勒所说："**我们不能选择原生家庭，但可以选择如何回应它。**"

即使是与那些严厉且苛刻的父亲相处，我们依然有能力通过设立边界，表达真实自我，逐步营造一种更加健康和谐的家庭氛围。尽管暴君式父亲可能永远都无法改变，但我们可以选择以更有效的态度去回应他们。这会让我们在不完美的世界里让彼此更舒适。

一个家庭最可怕的不是穷，而是有个制造内耗的父亲

曾有一段话引起了很多人的共鸣："一个家庭最可怕的不是穷，而是有一个经常制造内耗的人，他不停地制造矛盾和争吵，让其他家庭成员神经紧绷，生怕犯点小错误就会引发家庭战争。"

尤其当这个角色是父亲的时候，其他家庭成员的心理压力更大。比如，母亲炖汤时盐放少了，要被他指责；你用完纸巾没有及时扔进垃圾桶，也要被他说教……这些看似不起眼的小事让你们身心俱疲，如履薄冰。

01 你很可能拥有一个 NPD 型父亲

有一句话说得很好："善于制造内耗的人，往往是那个只看得到自己的人。"

如果你的父亲像方块 K 型父亲一样，以自我为中心，又对他人的感受和需要缺乏敏感性和同情心，并且总爱在家庭中占据主导地位，利用自己的权威不断地挑剔和批评其他家

庭成员，甚至一些微不足道的事也会成为他发脾气的借口，那么，他就可能是 NPD 型父亲。

什么是 NPD？NPD 是 Narcissistic Personality Disorder（自恋型人格障碍）的缩写，它是一种心理疾病，主要特征是个体以自我为中心、夸大自我的重要性以及缺乏共情能力。

通常来说，NPD 型的人常常会表现出以下 6 个特点。

第一，夸大自我，认为自己比他人更优秀，总是渴望得到他人的羡慕和赞誉。

第二，需要不断被肯定，对批评极为敏感，需要外界的不断肯定来维护自尊心。

第三，缺乏同理心，无法感知或理解他人的情绪和需要。

第四，控制欲强，喜欢控制或指挥他人，希望得到优待。

第五，易怒，当需求得不到满足时，容易感到愤怒或失望。

第六，人际剥削，常利用他人达到自己的目的。

在家庭环境中，NPD 型父亲可能通过挑剔、指责和控制来维持自己的优越感，从而给其他家庭成员带来巨大的心理压力。

NPD 型父亲的孩子的确很痛苦。NPD 型父亲极度自恋，一方面，他们会不自觉地希望孩子扮演讨好者；另一方面，他们对孩子的期望非常高，希望孩子在各方面都能做到最好，哪怕孩子并不喜欢或不擅长某些事情。在这种情况下，孩子往往被迫去追求不符合自身兴趣或能力的目标，只为满足NPD型父亲的虚荣心。如果孩子在这种压力下仍然没有取得预期的成绩，NPD型父亲甚至会不惜一切代价，比如斥巨资让孩子进入国际学校或安排孩子出国，促使孩子达到自己的要求。

那些过早懂事、每天战战兢兢的孩子往往都有一个NPD型父亲。这些孩子不仅要承受来自外部世界的挑战，还要应对来自家庭内部的压力。

02 如何和NPD型父亲相处

不难想象，与NPD型父亲相处绝非易事。如果你正深陷NPD型父亲带来的困扰，不妨尝试使用以下3种策略来应对。

策略一：保持物理距离，降低接触频率

有一句话曾经点醒过很多人："你无法选择你的家人，**但你可以决定让谁以什么样的频率出现在你的生活中。**"保持一定的物理距离可以帮助你减少与父亲的直接冲突，降低与父亲产生摩擦的概率。你可以通过减少见面次数，或者在互动中保持一定的距离来保持自己的心理健康。

是的，**成年人建立的一切关系都来自自己的选择，没人能强迫你留在不健康的关系中。**无论是朋友还是亲人，你都有权决定与谁保持联系，以及以什么样的形式和频率与他们联系。

具体来说，你可以根据自己的情况，合理安排与 NPD 型父亲见面的时间和频率。例如，别人一周回一次家，你可以选择一个月甚至两到三个月才回去一次。你不需要完全切断与 NPD 型父亲的联系，但可以适当减少与他面对面的交流，以减轻你的压力。

策略二：学会"阳奉阴违"

"阳奉阴违"本身是个贬义词，但在这种特定的情境中，它却是一种能帮助你避免争执和减少内耗的有效策略。

假设你正计划换一份更有挑战性的工作，而你的父亲刚好听说了这件事，并试图阻止你。在这种情况下，你可以礼貌地表示理解，但并不一定要照着他的建议去做。比如，你可以说："爸，我知道你担心我，想让我找一份更稳定的工作。你的想法我会好好考虑的，以后做决定也会更小心些。"

通过这种方式，你既表达了对父亲的尊重和感激，也保留了自己的决定权。这种方式避免了直接的冲突，同时也能让你继续按照自己的意愿行事。

再比如，假设你打算去读在职 MBA（Master of Business Administration，工商管理硕士），但是你的父亲认为读在职 MBA 费用高昂且没有必要，在这种情况下，你可以这样回应："爸，我明白您是希望我把钱用在实处。您说的我记住了，等时机成熟了我再做决定吧。不过我觉得读在职 MBA 真的挺适合我的，真的能给我带来很多帮助，而且我也对它很感兴趣。您放心，我会好好考虑，再跟几个前辈聊聊，不会贸然行动的。"

通过该策略，你能在尊重父亲的同时，坚定地走自己的路，也能在家庭关系维系和个人发展之间找到平衡点。所以，在这种情境下，**"阳奉阴违"策略并不是不诚实或欺骗，而是一种有智慧的沟通技巧，旨在避免冲突，同时保护自己的目标和计划不受 NPD 型父亲的干扰。**

策略三：打好预防针与表达自己的期望

在不得不与 NPD 型父亲接触的情况下，你可以通过打好预防针与表达自己的期望来减少误解和冲突。具体要怎么做呢？

首先是打好预防针。 你可以在回家前，先勇敢地把问题说出来。你可以告诉父亲，你很重视你们之间的关系，同时你也要表达清楚自己的诉求。比如，你可以说："爸，我有些想法想在回家之前先跟您说说。您知道，有时候您心情不好，可能会对我发点小脾气，这种情况从小到大都挺常见的。我想说的是，下次要是遇到这种情况，我打算用个小妙招——提醒您'等您心情好了咱们再聊'。这样咱们都能轻松点，您看怎么样？"

这样你既表明了自己的立场，又给予了父亲理解和尊重。如果有些话在电话里说出来有困难，你可以选择编辑成文字，通过微信发送给他。

其次是表达自己的期望。你可以在回家之前通过电话或微信明确告诉父亲你的期望。比如，你可以说："爸，这次回家前我有件事得先跟您说说。咱俩聊天的时候，能不能尽量避免批评与指责啊？比如，您别再数落我买的东西这儿不对那儿不行的。我希望咱们能心平气和地聊聊天，您看行不？"

这样一来，你不仅表达了自己对健康沟通方式的期待，还为双方设定了需要共同遵守的原则。通过这种方式，你可以提前排除一些潜在的冲突点，尽可能地让家庭氛围更加和谐。

03 最后的话

有句话是这样说的："**不要因为害怕被人误解而让自己很卑微！**"

在面对 NPD 型父亲时，保护自己的心理健康至关重要。所以，你可以选择通过践行"**保持物理距离，降低接触频率**""**学会'阳奉阴违'**""**打好预防针与表达自己的期望**"三大策略来与 NPD 型父亲相处。

为什么父亲总是对你进行失败预言

一个不合格的父亲总是不知道自己会给他的孩子带来多大的伤害。很多暴君式父亲都会做的一件事情就是对孩子进行失败预言。

01 失败预言

什么是失败预言？它是指不断暗示或断言一个人会失败的行为或相关的话语和态度。

这类预言不仅是负面评价，更如同一种心理暗示，会逐渐侵蚀孩子的自信心和自我价值感。例如，我曾在听播客时，听到一个女孩讲述她与父亲之间的一次沟通。那天，她在饭桌上非常高兴地宣布自己收到了国外一所大学的硕士录取通知书。然而，她的喜悦并没有持续多久，父亲便向她泼了一盆冷水："拿到录取通知书有什么了不起？很多人拿了录取通知书，雅思还是没考过？"结果，这个女孩的雅思考试差 0.5 分过关。这个时候，大多数父亲或许会选择安慰女孩，但她的父亲却说：

"你看，我说什么来着？你就是考不过！"

天哪，如果我是这个女孩，听到这样的话，肯定会特别难过，因为这简直就是在伤口上撒盐。

最有可能对孩子进行失败预言的是黑桃 K 型父亲。这类父亲情绪极其不稳定，易怒且反应过度，缺乏同理心。由于他们喜怒无常，其他家庭成员往往生活在持续的压力之下，害怕在不经意间惹他们生气。在这种环境下，这类父亲可能会通过预言孩子失败的方式来表达自己的不满或防止孩子犯错，而这通常不是基于对孩子能力的客观评估的，而是因为他们无法控制自己的情绪。例如，当孩子在工作或生活上遇到困难时，这类父亲可能会说："你看吧，我说过你不行的。"这样的预言不仅无法帮助孩子解决问题，反而会加剧孩子的挫败感，使他对未来失去信心。长此以往，孩子可能会真的相信自己就是父亲口中那个注定失败的人，从而放弃努力，最终使父亲的预言成真。

为什么黑桃 K 型父亲爱对自己的孩子进行失败预言呢？

02 父亲的动机

黑桃 K 型父亲这么做主要有两大心理动机。

第一个动机是情绪转移与宣泄。

黑桃 K 型父亲通常缺乏有效的情绪调节技巧。他们可能经历了许多挫折，包括职场竞争的压力、人际关系带来的困扰或个人理想与现实的差距等。这些因素累积在一起，使得他们在面对压力时容易产生焦虑、沮丧或愤怒等负面情绪。由于无法很好地处理这些情绪，他们试图通过预言孩子失败将自己的挫败感和焦虑感转移到孩子身上，以此来减轻自己的心理负担。这种方式虽然能帮助父亲宣泄情绪，却会给孩子带来巨大的心理压力。

第二个动机则是维护权威地位。

这类父亲可能希望通过预言孩子失败来维护自己的权威地位。在他们的潜意识中，这种方式能够让孩子更加依赖自己，从而确保孩子不会偏离自己设定的道路。这种行为的背后其实是对失去控制的恐惧。他们通过预言孩子失败，试图让孩子意识到"听话"的重要性，即便这会牺牲孩子的自尊和自信。

黑桃 K 型父亲往往非常在意自己在家庭中的权威地位，希望自己的意见和决定能够被无条件接受和执行。通过不断地强调孩子可能会失败，他们试图在孩子心中树立起自己"先知"的形象，从而强化自己的权威地位。

03　如何应对失败预言

作为孩子，在面对来自父亲的失败预言时并非毫无招架之力，你有以下 3 种策略可以采用。

策略一：事以密成，语以泄败

第 1 种策略就是**"确定目标，低调行事"**。这就意味着，在追求目标的过程中，你应当尽量保持低调，默默努力。因为很多时候，悄悄地去追求自己的目标可以避免干扰和来自父亲的负面评论。

在实现目标之前，尽量不要过多地与父亲分享自己的计划和进展，这样可以减少他预言你失败的机会。你可以通过自我激励和积极的心理暗示来保持动力，遇到困难时，想想自己的初衷，用积极的心态面对挑战。在目标完全达成后再向父亲展示成果，这样一来，即使他再试图预言你失败，也会立刻被事实说服。例如，之前那个拿到国外大学硕士录取通知书的女孩，完全可以等到取得满意的雅思成绩后再宣布完整的好消息。此时，由于一切已成定局，她的父亲也就没有任何实质性的失败预言可以说了。这样一来，她不仅可以避免失败预言带来的负面影响，还可以用实际成果来证明自己的实力。

策略二："我们来打个赌如何？"

如果你实在很开心，不小心把你的目标泄露了，招来了父亲的失败预言，该怎么办？

此时，你可以见招拆招，尝试用一种轻松幽默的方式回应："那我们来打个赌如何？如果你输了，你就请我吃一顿海鲜自助大餐。"

当你对黑桃 K 型父亲采用该策略时，可能会产生两种结果。第一，父亲可能会觉得自己胜算不大，因此选择放弃与你打赌，转而老老实实地给你祝福。第二，如果父亲的胜负欲被激发了，你可以像前面的例子中提到的那样，设定一个非常具体且可衡量的目标，以确保"赌局"公平。

而且最重要的是，通过这种策略，你不必再忍受父亲的失败预言给你带来的负面情绪，从而在客观上拥有更多的心理能量去应对挑战。这种策略还能缓和气氛，同时也可能改变父亲的态度，让他更加关注和支持你。

策略三：用悲悯的态度应对父亲的失败预言

当你面对父亲的失败预言时，首先要尽量保持冷静，不要被情绪左右；然后尝试用悲悯的态度看待父亲的失败预言，他可能是因为感到挫败和焦虑，才会有这样的预言，这并不是对你能力的真正评价。通过理解他的处境，你可能会更容易理解他的言行。

04 最后的话

每个人都在以自己的方式理解和应对这个世界。你不仅要尽力避免被父亲的失败预言影响，更要学会在洞察中成长。

大多数时候，你的人生由你自己书写，来自长辈的声音虽难以避免，但如何诠释这些声音并将其转化为你前行的动力，关键在于你自己的选择。

愿你在人生的道路上，无论遭遇何种风雨，都能通过有效的策略坚定信念、勇往直前。

你需要做的不是原谅父亲，而是学会自我抽离

不少在暴君式父亲的影响下长大的孩子往往会陷入一个误区：成年后总是想方设法地原谅父亲。但有时候，你会发现自己难以原谅，而且这种努力会让你感到更加疲惫和挫败。

事实上，你需要做的不是原谅父亲，而是学会自我抽离。

01 为什么不原谅也没关系

我曾看到过这样一个案例。一个女孩在童年时期遭受了来自同学的霸凌，她们集体嘲笑她，甚至将口香糖粘在她的头发上，并剪断她的书包带。当她向老师求助时，老师并未予以重视。无奈之下，她向自己的父亲寻求帮助。然而，令人意想不到的是，她的父亲非但没有给予她支持，反而告诉她这一切是因为她成绩不够好。更令人痛心的是，父亲看到被剪断的书包带时，他的第一反应并不是安慰女孩，而是给了她一记耳光，随后他才去学校与老师交涉，要求更换女孩的座位。

实际上，这位父亲早已知晓女孩长期遭受同学的霸凌，但他选择漠视女孩的痛苦，原因竟然是希望通过这种方式逼迫她"好好学习"。

是的，这位父亲的动机是很多人都难以理解的。试想，如果你是这个女孩，面对这样的父亲，你会如何应对心中的那份愤怒和失望？即便长大后，对于这样的伤害，你可能仍旧难以释怀。

更何况，选择不原谅对你来说很可能是有益的。

第一，不原谅有助于维持你的情感真实性。真实地面对自己的情感，而不是压抑或歪曲它们，有助于维持心理健康。

第二，不原谅可以帮你确认自我价值。原谅他人并不总是意味着你是一个好人。真正的强大意味着能够认识并接受自己的情感，包括那些负面的情感。你应该正视自己的感受，并从中获得力量，从而找到真正的自我价值。

第三，不原谅也可以是设立个人边界的一部分。通过承认过去受到的伤害并决定不原谅，你可以清晰地知道哪些行为是你不能接受的，这对于防止未来再次受到类似的伤害很有帮助。

我在《不强势的勇气》中说过一句话："**改变我们可以改变的，接受我们无法改变的，无法改变也无法接受的，那就先放一放。**"既然暴君式父亲对你造成的伤害你无法改变，暂时也不想接受，那就先放一放。

02 请学会自我抽离

后来，这个女孩长大成人，并且自己创业，取得了不少成就，也没少给父亲买他喜爱的礼物。然而，创业从来都不是一帆风顺的。每当父亲知道她在事业上遇到挫折时，就会"抓住机会"打击她，指责她当初没有听从他的建议，找一份更稳定的工作。

有一次，她的企业遇到了财务危机，需要紧急筹集资金来维持运营。经过不懈努力，她终于找到了解决方案，但这个过程让她身心俱疲。春节期间，家人聚餐时，她向大家提起了这段经历。父亲听后，仿佛立刻找到了可以攻击她的"武器"，不仅没有说些鼓励的话，反而指责她当初不听劝告，选择了创业这条充满风险的道路。

这件事触发了她内心深处的伤痛，让她感到异常委屈和无助。她意识到，尽管自己已经尽力去理解和接受父亲的批评，但这些话依然像利箭一样刺痛着她的心。经过这次打击，她开始思考如何保护自己。这个女孩可以这样做：不是像很多人说的那样，要学会"原谅父亲""和父亲和解"，而是要学会"自我抽离"，从而走出情绪低谷，不被负面情绪左右。

什么是自我抽离呢？自我抽离是一种心理技巧，它指的是暂时放下自己的主观经验，以一种客观的态度来观察自己的思想、情感和行为。这类似于作为一个旁观者来审视自己的经历，而不是沉浸其中。通过自我抽离，我们可以更清楚地洞察问题的本质，而不是被强烈的情绪左右。

03　最后的话

在这条自我疗愈与成长的路上，最重要的是对自己保持慈悲与耐心。你不必急于清除所有的伤痕，因为它们也是你独特人生故事的一部分。

真正的自由不在于抹掉过去，而在于从过去中解放自己，拥抱真实的自我。就像村上春树所说："**命运就像沙尘暴，你无处逃遁。只有勇敢跨入其中，当你从沙尘暴中逃出，你已不是跨入时的你了。**"

是的，**不原谅也没关系，但请学会自我抽离。**

愿你在人生的旅途中，既能勇往直前，也能温柔地对待自己。因为，唯有真正地爱自己，你才能无畏地面对世界，无愧于心地说："我值得拥有这份安宁与幸福。"

减轻"内在父亲"的消极影响，治愈自己的"内在小孩"

暴君式父亲带给你的创伤是需要治愈的，因为他的言行已经深深烙印在你的潜意识中，形成了你心中的"内在父亲"形象。

01 "内在父亲"与"内在小孩"

什么是"内在父亲"？

"内在父亲"是指孩子在与父亲的互动中形成的一系列主观体验，包括信念、态度和行为模式。

这些信念、态度和行为模式可以是积极的，如鼓励和支持；也可以是消极的，如过度的批评、控制，甚至情感上的忽视。当这些信念、态度和行为模式成为你内心的一部分后，它们就会潜移默化地指导你的行为，影响你的决策和你与他人的关系。

与此同时，你的心里还住着一个"内在小孩"，那什么又是"内在小孩"呢？

"内在小孩"是一个人内心深处保留的与童年经历相关

的情感状态、记忆和体验。

"内在小孩"代表了一个人最初的感受、需要及其对世界最初的认知，反映了一个人的本真，包含了一个人最原始的欢乐、恐惧、愤怒和悲伤。当你遭遇创伤、忽视或其他负面经历时，"内在小孩"会受到伤害，并持续影响你的心理健康。

"内在小孩"越强大，就越能帮助你恢复内心的平衡与和谐。例如，有些女性的"内在小孩"非常强大。因此，当她们的伴侣出差时，只要提前定好归期，她们根本就不需要"查岗"，因为她们有足够的安全感，这让她们完全不会因为伴侣暂时不在身边而感到不安或焦虑。

倘若"内在小孩"遭遇过创伤、忽视或其他负面经历，它就会变得非常虚弱，导致你在成年后仍然会强烈感受到童年时期的无助、恐惧和不安。很显然，**一个在暴君式父亲的影响下成长起来的孩子更可能拥有一个偏消极的"内在父亲"和一个遍体鳞伤的"内在小孩"。**

消极的"内在父亲"通常会让你产生不配得感。 例如，在梅花 K 型父亲的影响下长大的孩子就容易产生不配得感，因为梅花 K 型父亲在家庭中不仅会打压母亲，还会对孩子实施不同程度的精神霸凌行为。这种行为重复上演，会让孩子逐渐形成"我不够好"的想法，并不断强化这种自我否定的感觉。

即便这些孩子的身躯长大了，可他们的"内在小孩"早已羸弱不堪，无论是在学习、工作还是生活中，他们都难以感受到自己的价值，会产生不值得被爱或无法获得成就的想法。这种内在的批判声音在不断地提醒他们，即使付出了很多努力，也远远不够。

消极的"内在父亲"还会让你无法处理好与领导之间的关系。 例如，黑桃 K 型父亲喜怒无常，使得孩子在与父亲的相处中经常感受到不确定性和恐惧。当孩子长大后，他可能会发现自己和大多数领导总是没办法建立良好关系。因为小时候"父亲之于你"的关系，与长大后"领导之于你"的关系相似，父亲与领导都代表着权威。由于你的"内在小孩"从小就对权威心存畏惧，长大后的你在与领导相处时也常常谨小慎微、唯唯诺诺。**你缺乏自信，没有底气，害怕竞争，不敢表达自己的看法，更不用说主动"向上社交"或为自己争取权益了。** 这一切都会使你在成年人的世界中缺少力量和勇气，无法像其他人那样奋力拼搏。

02 如何减轻影响，治愈自己

在理解了"内在父亲"与"内在小孩"对我们的影响后，

如何减轻消极"内在父亲"的影响？如何治愈自己的"内在小孩"呢？可以参考以下 3 个步骤。

第一步：接纳

无论是"内在父亲"还是"内在小孩"，你必须先接纳它们，接纳"内在父亲"的消极与批判，接纳"内在小孩"的懦弱与不堪；**但接纳并不意味着认同，你只是承认它们的存在。**只有先接纳它们，你才能真正开始改变。

第二步：反驳

任何一个人从接收信息到采取行动都会经历 4 个阶段：感知、认知、决策和行动。"内在父亲"与"内在小孩"往往在感知阶段就开始共同发挥作用，迅速推动你做出决策并付诸行动，这个过程中唯一缺失的就是认知阶段。

认知阶段的行为是对感知阶段的行为的反驳，是你对自身思考的再思考。

这句话值得你反复阅读 3 遍。

因为只有当你努力克制自己的本能反应，不那么快地做出决策并行动，你的行为模式才会被改变。

人类的一切行为模式都可以通过获得正反馈来改变。当你首次克制住自己的本能反应，在经过深思熟虑后重新做出决策并付诸行动时，一旦结果发生了积极的变化，"内在父亲"的消极影响就会减轻；与此同时，"内在小孩"也会变得更加强大。

第三步：强化

减轻"内在父亲"的消极影响，治愈"内在小孩"并使之茁壮成长无法一蹴而就。只有在一次次反驳与获得正反馈中不断强化新的行为模式，你才能获得自我效能感（个体对自己能够成功执行某项任务或达成某个目标的信心），才能逐渐从本能的"不配得感""对权威的恐惧"等负面应激感知中走出来，从而让"内在小孩"被彻底疗愈。

03　最后的话

每个人的内心都承载着过往的记忆，那些未解的情结如同种子，随着时间的流逝，或开花结果，或成为心理负担。然而，通过**接纳、反驳与强化**，我们可以减轻"内在父亲"的消极影响，抚慰那个曾经受伤的"内在小孩"。请相信，**每一次自我对话，每一次对消极声音的挑战，每一次对自己思考的再思考，都会让你向着更加完整的自我迈进一步。**

人，并不是赢在起点，而是赢在转折点。

你人生旅途的前半段或许坎坷，但每一站都有意义，当你通过自我疗愈把那些坎坷的经历变成转折点，那么你一定能在接下来的旅途中引领自己走向更加开阔的旷野。

愿你能在这趟自我发现与疗愈的旅途中找到平静与力量，让心灵得以安放，让未来充满希望。

第三章

疗愈

创伤不是你造成的，但疗愈是你的课题

谁痛苦，谁改变

如果你是战斗型孩子，那么在发现创伤与疗愈自己的过程中，你可能经常会遇到一个核心问题：**"为什么我必须是那个去改变的人？"** 这个问题往往蕴含着深深的不公平感——为何在经历了创伤之后，还要由受害者来承担起疗愈的责任？然而，这个看似不公平的问题隐藏着自我疗愈的关键信息。

01 改变自己

很多人说，"谁痛苦，谁改变"曾让他们醍醐灌顶。如果你目前仍旧处于与父亲不断消耗彼此能量的关系里，那么深刻理解这 6 个字会对你有所帮助。

比如，我曾经的一个女同事，她特别讨厌别人给她发语音消息。然而，她的父亲恰恰非常喜欢用这种方式与她交流，动辄发送长达 60 秒的语音消息，有时甚至连续发送数条，都能组成语音消息矩阵了。更糟糕的是，她父亲的普通话不太标准，用语音转文字的功能根本识别不出来他说的是什么。每次看到对话框里那一条条长长的语音消息，她都会感到异常烦躁。

为了不再收到语音消息，她与父亲争执过好多次，但每次都无果，所以，每当父亲的语音消息发来时，她只能皱着眉头，咽下一口郁闷之气，接着把手机贴在耳朵边上，耐着性子把这些语音消息一条条听完。

有一次午休时，她看到父亲又发来一条 60 秒的语音消息后，便又开始抱怨。坐在旁边的同事忍不住对她说：**"你有没有发现，你只是在抱怨，却没有采取有效行动。"** 刚开始，她被同事的话弄得有些蒙，但随即，她像是领悟到了什么，马上给她父亲拨打电话。

是的，这一次，她通过主动与父亲沟通，改变了一件她之前不喜欢的事情。

所以你看，当我们只是抱怨，抱怨的背后就会有一个隐秘的期待：**只要我抱怨，他人就会改变。** 可是，如果现实真能如此，那她父亲应该早就不再给她发长达 60 秒的语音消息了。所以这个假设背后的假设是：**"既然问题不在我身上，我就不需要改变，应该改变的是你！"** 然而，父亲已经活了大半辈子了，他的行为哪能那么容易发生变化呢？于是，她就只能在抱怨和痛苦中徘徊。在这个时候，"谁痛苦，谁改变"这 6 个字，就可以拯救她。

02　课题分离

"谁痛苦，谁改变"体现的是"课题分离"的智慧。

什么是课题分离？课题分离是阿德勒提出的一个心理学概念，其核心思想在于**区分哪些是我们可以控制的，哪些是我们无法控制的**。具体来说，就是将责任明确地划分给每个人，让每个人都只对自己的行为和感受负责，而不去干涉或试图控制他人的行为。

在上述女同事的例子中，她无法控制父亲是否发送语音消息，但她的反应是可以自己掌控的。她可以选择如何处理这些语音消息，以及用何种方式与父亲沟通。

践行课题分离，你可以更好地理解和应对你与父亲的关系中存在的问题。你首先要明确，**父亲的行为是他自己的课题，而你如何应对、采取什么行动，则是你的课题。**

所以，在你与父亲的关系中，**你的很多痛苦主要来自你干预了父亲的课题，或者父亲干预了你的课题。**换言之，当你试图改变父亲的行为，比如让他别再发语音消息时，实际上是在干预他的课题，这往往会引发更多的冲突。同样，当父亲试图改变你的行为时，他也在干预你的课题，这也会导致你感到压力和不适。

03　如何践行课题分离

道理都懂，可具体要怎么做呢？其实，课题分离并不复杂，只需按照以下 3 个步骤践行。

第一步，识别自己可以控制的部分

我们只能对自己的行为和感受负责，而不能对他人的行为和感受负责，所以当我们试图改变他人时，实际上是在干预他人的课题，这往往会引发更多的冲突。比如，女同事要求她的父亲不再发语音消息就不是她可以控制的事情，尤其对于暴君式父亲而言，这只会引发反抗，让彼此都不痛快。所以，**你需要识别到底哪些事情是不需要对方做出改变，自己就可以去做的。**

第二步，沟通与达成共识

在明确了自己可以控制的事情之后，需要通过有效的沟通达成共识。例如，女同事可以与父亲约定，允许父亲发送语音消息，但同时明确表示自己不喜欢接收语音消息。因此，只要父亲一发送语音消息，她就会在方便的时候给父亲回电。

通过这种方式，女同事传达了自己对沟通方式的偏好，并给出了一个实际可行的解决方案。这种方式不仅尊重了父亲的习惯，也照顾到了自己的需求，从而减少了双方的摩擦。

第三步，认可与反馈

在采取行动并与父亲达成共识之后，女同事还需要通过认可与反馈来巩固这一成果。这意味着在实际操作中，她需要在收到语音消息后及时回电，并在沟通过程中表达理解和感激。例如，她可以这样说："爸，我刚看到你发的语音消息，现在有空就给你打了过来。我不太喜欢接收语音消息，真的很感谢你愿意理解我的感受。"

此外，女同事还可以定期与父亲回顾这一约定的效果，并根据实际情况调整沟通方式。通过持续的认可与反馈，双方可以不断调整沟通方式，从而达到更加和谐的状态。

通过这 3 个步骤，我们可以逐步学会在面对困扰时，**不再执着于改变他人，而是专注于调整自己的反应与行动**。这种转变不仅能帮助我们找到更加健康和平和的与父亲相处的方式，还能促进自己的心理成长和疗愈。最终，当我们不再抱怨，而是专注于自己的行为和感受并找到可控范围内的解决方案时，我们不仅能拥有更好的情绪体验，还可以减少痛苦。

04　最后的话

暴君式父亲曾经带给你的创伤虽然仍然存在，但**痛苦的是你，需要改变的是你，有能力改变的也是你**。是的，创伤不是你造成的，但疗愈是你的课题。

事实上，"谁痛苦，谁改变"这句话后面还有一句话：**"谁改变，谁成长；谁成长，谁受益"**。

没错，"我痛苦，你改变"只会带来冲突与矛盾，而"谁痛苦，谁改变"则可以让你掌握更多主动权。**须知：要建立一段良好的父子/女关系，从来不是靠互不相让，而是靠自我成长**。

允许自我强迫，也允许松弛一点

人生如逆旅，我们每个人都带着不同的行李前行。对于在暴君式父亲的影响下成长起来的孩子而言，他们的行李尤为沉重，因为他们不得不早早学会如何在不可预知的情绪风暴中生存。

回避型孩子的产生，源自一种看似聪明、实则无奈的选择——回避。 在与父亲的互动中，他们逐渐意识到，躲在房间里看书做作业，可以成功避免引起父亲的注意；优秀的成绩也可以有效转移父亲的视线，减少自己受到的惩罚。这种策略在短期内为他们带来了一定的安全感，但也在不知不觉中塑造了他们的行为模式——自我强迫。

01 自我强迫的 3 种表现

回避型孩子仿佛是一台过载的机器，他们的自我强迫通常会有 3 种表现。

第一，强迫性忙碌

强迫性忙碌是回避型孩子用来逃避痛苦的主要手段之一。为了避免面对内心的不安与恐惧，他们选择让自己沉浸在无休止的工作或学习中。这种忙碌不仅是为了分散注意力，更是为了构建一个安全的空间，将那些他们不愿面对的情感隔绝在外。那些喜欢每天一个会议接着一个会议，从天亮忙到天黑的管理层人员，他们的行为很可能就是这种强迫性忙碌的典型代表。表面上，他们似乎是为了公司的利益和个人的职业发展而努力工作；实际上，他们中的很多人只是在逃避内心深处的不安与恐惧。通过长时间的工作，他们可以暂时忘却那些令人不安的情绪，从而获得一种虚假的安全感。

第二，过度追求完美

对于回避型孩子来说，完美可以让他们获得更多的安全感。他们认为，只有做到无可挑剔，才能避免遭受批评或惩罚。因此，无论是在工作上还是在生活中，他们都力求做到最好。然而，这种对完美的过度追求也让他们承受着巨大的心理压力，因为任何一点瑕疵都会被视为失败的象征，进而增强他们的自我否定感。例如，有一位明确知道自己有回避倾向的讲师曾经坦言，他在讲课前会强迫性地担心自己的课程大纲，于是他一会儿来回踱步，一会儿又考虑推翻自己前一天写好的开场词，总想着塑造一个更完美的形象。

第三，焦虑

焦虑则是回避型孩子自我强迫的第三种表现。由于从小生活在不可预测的环境中，他们对未来尤为恐惧。这既体现为对当前状况的焦虑，还体现为对未来可能出现的问题的过度焦虑。

我认识一个在黑桃 K 型父亲的影响下成长起来的商人。生意不好时，他焦虑，焦虑营收无法覆盖成本；生意好的时候，他还是焦虑，因为他担心明年生意不好。于是，他像一根拧得特别紧的发条，恨不得不吃饭，一个接着一个地给客户打电话；恨不得将开车时遇到红灯的些许停顿时间都利用起来，给他的下属布置任务。

你看，类似这样的回避型孩子设法通过忙碌来缓解焦虑，然而，这无异于饮鸩止渴。**因为通过忙碌来缓解焦虑只会让他们更加焦虑。忙碌成了他们应对焦虑的一种方式，但这种方式并没有从根本上解决问题，反而会让他们陷入恶性循环。**

02　自我强迫的疗愈策略

你可能听过一句话："你眼中的问题，可能是另一个人的解决方案。"

对于自我强迫的回避型孩子而言，强行阻止其"强迫性忙碌、过度追求完美或焦虑"是非常困难的。与其和这些"顽症"正面对抗，不如从侧面进攻，用一些策略来适当减轻紧绷感。这说起来很轻松，究竟要怎么做才能真正实现松弛呢？接下来，我就分享3种有针对性的疗愈策略。

疗愈策略一：用"暂停时间"为强迫性忙碌"松绑"

你可以尝试在每天的日程中安排一些"暂停时间"，哪怕只有5~20分钟。在这段时间里，你可以完全放下手头的工作，做一些让自己放松的事情，比如深呼吸、拉伸等。这不仅有助于缓解疲劳，还能让你的心态更加平和。

具体操作方法也很简单，给自己调一个闹钟，例如晚上7点，哪怕你正在加班。但只要闹钟一响，就立刻站起来做5~10次深呼吸，从忙碌中找回松弛感。或者中午吃完饭，别立刻回工位，而是到附近有绿植的地方去散步，让"公园20分钟效应"（只需在公园里待上短短20分钟，就可以显著改善心情和降低压力水平）发挥作用。

疗愈策略二：用"长期高标准，短期低要求"来避免过度追求完美

一个人对自己的期待可以分为"总体期待"和"具体期待"两类。对于过度追求完美的人来说，一个更好的组合是：**你的总体期待较高，但具体期待很低。**

所谓总体期待，是你对于自己的长期预期，它将决定你在未来成为什么样的人。例如，我对自己的总体期待是在心理科普领域深耕，写50本书，并且其中的1~2本书能对这个世界产生一点影响。这个总体期待可以让我在一段较长的时间里有很强的动力去提升自己。

而具体期待，即你每天需要完成的各种事务。对于我而言，它可能是完成某篇文章的写作、准备一份课程大纲等，我会接受我的能力可能还不足以支撑我实现这些期待的事实。**毕竟，只要我持续地刻意练习，我的能力就会不断提升。**

疗愈策略三：增加心理距离，让焦虑得到缓解

焦虑的核心原因是大脑的过度警觉和对焦点的过分集中，这将潜在的风险放大至极限，使它仿佛迫在眉睫且难以克服。这就好比透过望远镜观察一头猎豹，它那露出的利齿似乎就在眼前，营造出一种令人紧张的氛围。然而，当我们放下手中的望远镜，才发现那头刚才看似威胁巨大的猛兽实际上与我们相距甚远，根本无法对我们构成实质性的威胁。原先感受到的压力其实是源自我们的感知偏差，而我们忽略了实际存在的安全距离。

由此可见，当我们将自己置于情境之中时，更容易受到情绪的影响；相反，当我们增加心理距离，更能保持冷静，做出更为理性的判断与分析。

设想一下，10年后，回头审视今日的难题，你或许会发现，那些你现在以为无法跨越的障碍，其实只是漫长人生旅途中一个几乎可以忽略不计的小波澜。同样的道理，如果我们能够将视角转换至宇宙层面，在距离地球64亿公里的地方眺望它，那颗承载着我们所有喜怒哀乐的蓝色星球，也不过是无垠宇宙中的一个"暗淡蓝点"。

确实，当我们学会运用增加心理距离这一策略时，焦虑便能得到迅速缓解。

03 最后的话

在生命的旅程中，我们或许无法选择背负的重担，但我们可以选择如何背负它。真正的自由不是逃离过去，而是在其中找到帮助我们前行的力量。

当你用好上述3种疗愈策略，即便是回避型孩子的你，也能在繁重的生活与工作中拥有松弛感。

摆脱"老实人"标签，学会合理释放攻击性

你觉得自己有"老实人"的标签吗？

"老实人"这个词，现在略带某种负面含义，它暗示一个人过于顺从或缺乏自我表达的能力。无论是"躺平"型孩子所展现出来的习得性无助，还是讨好型孩子过度迎合他人的习惯，都容易导致一个人在人际关系和社会互动中处于不利地位。

01 摆脱"老实人"标签

有位名人说："**人这一辈子必须知道：人性的本质就是，你越是做事果断，我行我素，不服就干，就越有人欣赏你。你越是老实善良，心慈手软，胆小怕事，就越是有人欺负你。**"

从小到大，你或许在暴君式父亲的影响下形成了"躺平"或"讨好"的习惯。

你觉得自己嘴笨，所以总是设法隐藏自己的想法，由于总是不表达，于是越来越不会表达，甚至开始怀疑自己的观点是否有价值。这种自我抑制随着时间的推移，让你在面对

不同的情境时也越来越难以有效地维护自己的权益。

你习惯性地妥协，哪怕在你感到不满或受到委屈的时候也竭力压抑自己的情绪，践行"多一事不如少一事"的原则，尽量避免与他人发生冲突。可这种习惯性妥协让你内心的压力越积越多，自己的边界越来越模糊，最终可能完全消失。

但是你要知道，这些只代表你的过去，你有权利选择摆脱"老实人"标签，把你的软肋变成铠甲。

为此，请牢牢记住下面这 3 句话。

第一句：唯有懂得拒绝，才能获得尊重

如果一个人总是逆来顺受，招之即来，挥之即去，那么，这个人的价值很难得到应有的认可。

学会拒绝并不意味着变得冷漠或自私，它是一种表明自己的边界和需求的方式。恰当地拒绝，实际上是在向外界传递一个信号：**你重视自己的时间和精力，也期待他人给你同样的尊重。**

第二句：你与这个世界交往的本质，就是交换

有个比较绝对但直白的说法：公司雇佣你，交换的是你的时间，你用上班的 8 小时来为公司创造价值。朋友与你交往，交换的是你的情绪价值，他们向你分享自己的乐与苦，是因为他们认为你是一个可以依靠的人；同样，你也可以向他们倾诉，寻求情感上的支持。在这个过程中，双方都在付

出与收获之间寻找平衡点。如果你一味地付出而不索取，那么这种关系终将失去平衡。

父母与你之间同样存在交换，尽管这种交换可能更多体现在情感的支持而非物质上。在普通的家庭里，父母为子女提供其成长所需的关爱和教育，而子女也应当回报以爱和尊敬。

然而，当暴君式父亲让这种关系失衡时，小时候的你很弱小，可能不得不屈服于这种不平等的关系，**但随着年龄的增长，你可以选择用更多的资源、能力和心力来重新定义这段关系。**

第三句：你可以善良，但必须有些锋芒

没错，正如一句金句所说："你的善良必须有点锋芒，不然就等于零。"

因为无底线的善良必定会成为滋生恶意的温床。**学会合理释放攻击性，你才能守护自己内心的温柔，不被他人所伤。**

02 如何释放你的攻击性

什么是攻击性？它并不是指"暴力"，在心理学中，它是一种富有生命力的体现。**武志红有一个观点：一个人的攻击性，如果不向外释放，就会转向攻击自己，没有第三个出口。**换言之，如果一个人总是压抑自己的攻击性，最后就容易演变成自我攻击。

那么，如何才能合理地释放你的攻击性呢？

这里给大家介绍两种非常有效的策略。

第一种策略叫作"拖延策略"，该策略与"躺平"型孩子的性格特征十分契合。

因为实施拖延策略，你不需要直接拒绝他人的请求，这可以减轻拒绝带来的心理压力。当你不想答应别人的请求时，就可以采用拖延策略。这样做的好处在于两个方面：一方面，你减轻了直接拒绝带来的心理负担；另一方面，随着时间的推移，对方要么逐渐理解你的立场，要么即使一再催促也拿你没办法，无法动摇你的决定。这样一来，你就不太容易被他人的要求所裹挟。比如，当你的暴君式父亲问你："你怎么那么久还不回来一次？"如果你并不想回家，就可以委婉地回复："我知道你们很想我，最近我确实很忙，但我一定会找时间回去看望你们。"如果对方再步步紧逼，你不再回复即可。通过这种方式，你既在表面上表达了对父亲的尊重，又为自己争取了时间，同时也避免了直接的冲突。

通过这种策略，你能够在不破坏关系的前提下，以柔克刚地释放你的攻击性，同时保护自己的利益。

第二种策略叫作"摒弃'应该'模式＋文字拒绝"，这种策略更适合讨好型孩子。

讨好型孩子的脑海里往往充斥着各种"应当"与"必须"，这些词就像定时闹钟一样，时不时在他们的大脑中响起，诸如"我应该这样行事""我必须那样做""我得保证别人快乐""我不可以展现不满"等。

摒弃"应该"模式，关键在于转变语言模式，**把那些"应该"替换为"如果我愿意，我可以选择……"**。例如，可以将"我应该借钱给父亲"转变为"如果我乐意，我可以考虑借钱给父亲"。这样的转变为你保留了选择权，强调了这是一种主动的选择而非外界强加的规定。它也明确指出，你并非一定要满足所有人的期待，你将要做的事情纯粹是一种自愿行为，而非强制性的任务。这样的小小调整可以帮助你减轻心理负担。

做好这样的准备后，建议你使用文字来拒绝。因为口头表达可能会让你感到紧张或不安，特别是在即时互动中，这容易让你难以开口拒绝。相比之下，书面表达可以避免这种情况的发生，因为它能给你更多的时间来组织自己的想法，并且你可以反复修改，直到满意为止。

03 最后的话

对于"老实人"来说，攻击性不是武器，而是防御工具。

它能让你的善良因带有智慧的锋芒而更加耀眼。在这条自我疗愈的路上，愿你既能坚守内心的柔软，也能展现必要的强硬。**正如大地承载万物，却也不乏山石之坚定。**

是的，真正的强大是从你内心深处生长出来的勇气。我们虽不能勒令世界对你温柔，但你能通过有效的策略来赢得这个世界的尊重。

学会与情绪闪回保持精神隔离

在暴君式父亲的影响下成长起来的孩子，或多或少都会出现所谓的情绪闪回。在具体解释这个概念之前，让我们先进入一个场景。

01 情绪闪回

客厅里，茶几上的一盒杏仁引起了妈妈的注意——盖子没有盖好。她随口问了丈夫一句："你为什么总是不把盖子盖好？"丈夫看了一眼，淡淡地回答："我没吃。"说完便转身离开了。

这时，孩子走进客厅准备拿东西。妈妈立刻问孩子："是你吃的杏仁吗？为什么不把盖子盖好？"孩子平静地回答："说不定是你自己吃的，你自己没盖好。"这句话如同一道闪电，瞬间击中妈妈的心脏，让她感到愤怒和委屈。她的情绪突然爆发，她猛地将杏仁盒子摔在地上，杏仁撒了一地，吓得孩子和丈夫目瞪口呆。

事后，这位妈妈回忆起当时的情景，意识到孩子那句反问触动了她的敏感神经，使她感到被指责和攻击，从而陷入了一种熟悉而压抑的情绪之中，于是本能地进行了反击。

这是怎么回事呢？是的，你猜得一点都没错，这位妈妈刚刚经历了情绪闪回。

在这位妈妈的经历中，孩子的反驳无意间触动了她内心深处的脆弱点，使她联想到曾经被指责和误解的经历。在这种情况下，**她的情绪反应实际上是对过去痛苦记忆的一种无意识回应，而非对当前事件的真实评估。**

从脑科学的角度来看，情绪闪回的发生与大脑中的特定区域密切相关，特别是海马体和杏仁核，这两个部分在处理情绪记忆方面扮演着重要角色。海马体负责形成新的记忆，并参与长期记忆的存储过程。当一个人经历创伤时，海马体会记录下这些经历，并将其储存在长期记忆中。而杏仁核则主要负责情绪反应，尤其是恐惧和愤怒等负面情绪。当一个人遇到与过去创伤相似的情境时，他的杏仁核会被激活，产生强烈的情绪反应。

情绪闪回类似于条件反射现象。大脑在初次经历某种刺激（如暴君式父亲的指责）后，会形成一个条件反射路径。当相似的情境再次出现时（如孩子的反问），即使没有实际的威胁存在，大脑也会自动触发这一路径，产生强烈的情绪反应。

大脑具有神经可塑性，可以随着经历的变化而改变。然而，创伤性经历往往会导致大脑中的某些连接变得异常坚固，使得与创伤相关的记忆更加容易被唤起。这就是为什么成年后，人们仍可能因某些因素被触发而产生强烈的情绪反应。

对于那些有着暴君式父亲的人来说，创伤性记忆可能是一种严厉、不被认可，甚至是无情的声音，它在这些人的脑海中回荡，影响着他们的自我价值感和行为模式。每当某个熟悉的场景再现的时候，他们大脑中的这些创伤性记忆就会被激活，进而产生情绪闪回。

02　学会与情绪闪回保持精神隔离

理解了"一盒杏仁如何激活大脑杏仁核"的本质，你就会知道，在很多时候，成年人一瞬间的情绪崩溃，并非因为眼前的琐事，而是因为这些琐事唤起了他们大脑中的创伤记忆。

那么，我们要怎么做才能避免情绪闪回呢？你需要学会与它保持精神隔离，我把这整个过程总结为"CALMS（泰然自若）五步法"。

第一步，C（Cognize）：认知，认知分离

你需要意识到自己正在经历情绪闪回，并提醒自己这只是过去的记忆。比如你可以试着对自己说："我现在经历的是情绪闪回，这些情绪源自过去的记忆。"通过这样的方式，你可以提醒自己，虽然这些情绪非常真实，但它们属于过去，而不是现在。

第二步，A（Assure）：确认，确认安全

反复告诉自己"我现在很安全"，帮助自己从过去的情绪中抽离。你可以大声说出来，如果觉得不好意思这样做，也可以在心里默念，直到自己真正相信这句话。你也可以环顾四周，注意身边的物品、声音或气味，这些都是当前现实的证明，可以帮助你确认自己现在的确是安全的。

第三步，L（Link）：连接，回归身体

感受身体的存在，重新建立与现实的联系。从头到脚，逐一感受身体各部位的存在。注意各部位的感觉，可以轻轻触摸或挤压某些部位，以增强真实感。专注于自己的呼吸，感受每一次吸气和呼气的过程。深呼吸可以帮助你放松，并将你的注意力从情绪转移到当前的身体感受上。

第四步，M（Mellow）：轻松，放松身心

你可以进一步通过放松技巧来缓解紧张。逐一放松身体的主要肌肉群，从头部开始，依次向下，直到脚部，紧

绷几秒后再放松，感受肌肉的松弛。采用深呼吸技巧，慢慢地吸气，保持几秒，然后缓缓呼气，重复几次，直到感觉身体逐渐放松。找一个让自己感到舒适和安全的地方，可以是椅子上、床上或其他任何能够让自己感到安心的地方，在那里，你可以通过裹着毯子、抱着枕头或毛绒玩具等方式来安抚自己。

第五步，S（Share）：分享，寻求支持

当你首次意识到自己发生了情绪闪回后，请告诉你最亲近的人。这不仅能让你得到情感上的支持，还能让你感受到你不是独自一人在面对这一切。必要的时候，你可以让他们帮助你形成预案，比如当你疑似发生情绪闪回的时候，可以让他们提醒你去散步、去阳台上休息一会儿，这些活动都可以帮助你转移注意力，缓解负面情绪。

通过这5个步骤，你可以学会如何在发生情绪闪回时及时保护自己，并逐渐恢复内心的平静。这个过程需要练习，但每一次成功应对都会让你更加坚强，最终实现与情绪闪回的精神隔离。

03 最后的话

学会与情绪闪回保持精神隔离是一项有效且必要的任务。

它关乎你的心理健康，更是你通向内心自由的关键一步。

　　事实上，每个人都有能力逐步掌控自己的情绪，不让过往的阴霾遮挡今日的阳光。我们可以将情绪闪回关进笼子里，让心灵解放，从而享受真正的宁静与自在。

用非暴力沟通策略说出你的委屈

许多人或许都听说过《非暴力沟通》这本书，它倡导一种基于事实与感受的交流方式。然而，尽管很多人阅读过这本书，但他们并未将其中的核心方法真正用于日常生活中。特别是对于我们这些在暴君式父亲的影响下成长起来的孩子而言，《非暴力沟通》提供了一系列尤为有效的疗愈式沟通策略。这些策略能够帮助我们在与暴君式父亲交流的过程中以一种既真诚又尊重的方式说出我们的委屈，从而使对方更容易理解与接纳我们。当这样的沟通得以实现，真正受益并得到疗愈的，正是我们自己。

01 疗愈心法：为自己的感受负责

请想象这样一个场景。

你在国庆节回家看望父母，第一天家里其乐融融。可翌日清晨，你随手放在桌子上的玻璃杯被父亲不小心打翻了，随着"砰"的一声，玻璃杯碎了一地。你听到声响，从卧室前往餐厅一看，还没来得及心疼自己的杯子，父亲就已经暴怒地质问："杯子是怎么放的？"

在这一刻，你可能会感到惊讶、委屈甚至愤怒。但现在我想请你暂停一下。在你做出任何反应之前，请先感受一下自己可能会出现的情绪。不同类型的孩子可能有不同的反应。

战斗型孩子：可能会和父亲争论"杯子到底应该怎么放"，这很可能使争吵升级，双方的情绪都会更激动。

回避型孩子：可能会选择沉默不语，转身离开现场，以避免正面冲突。这种反应虽然暂时避免了争吵，但没有解决实际问题。而且你心里可能会一直惦记着这件事，每每想起就不舒服。

"躺平"型孩子：可能会默默拿起扫帚簸箕，把碎玻璃扫干净，这看似避免了争执，但其实你在努力压抑自己，息事宁人。

讨好型孩子：可能会满脸堆笑打圆场，这看似缓和了气氛，但也没解决根本问题，反而可能会让父亲觉得你并不重视他的意见，为你们下一次可能出现的冲突积蓄势能。

你看，每一种反应都可能导致不同的情况，而其中的关键在于，这些反应都没从根本上解决问题，也没让你的情绪得到真正的释放。

所以，此时此刻，**你应该做的不是"立刻反应"，而是**

"为自己的感受负责"。

这是什么意思呢？爱比克泰德曾说："**人们之所以苦恼，并非因为事情本身，而是因为人们对事情的看法。**"

除了以上 4 种典型反应，你还有第 5 种选择：关注自己的内在感受和需求。在父亲质问你后，**你会伤心，并开始认识到，这种伤心其实源于一种内在的需求——希望被理解和尊重。**

所以，如果回到刚才停下来的地方，你可以这样表达自己的感受："爸，当你刚才生气的时候，我真是挺委屈也挺害怕的。我只是想暂时把杯子放那里，没想到会这样。现在我也很难过，毕竟那是我最喜欢的杯子。我知道你是为我好，但你能听听我的想法吗？我觉得我们得想想办法，避免以后再发生这种事。"

通过这种方式，你做到了以下 3 点。

表达感受：你清楚地表达了自己因父亲的反应而委屈和害怕。

说明需求：你提出了希望被理解的需求，并且表达了想要解决问题的愿望。

邀请对话：你邀请父亲参与到解决问题的过程中来，而不是单纯地指责或辩解。

这样的沟通方式有助于让你的父亲脱离原本他熟悉的"暴

怒与指责框架"，进入你新建立的、以"你的感受为起点"的对话框架。这个对话框架能让你们都有机会表达自己的感受和需求，从而在一定程度上帮助父亲恢复理性状态。

当然，以上场景只是我举的一个例子。如何才能举一反三，把这一系列非暴力沟通的策略运用到你的生活中呢？你需要掌握非暴力沟通的三步走疗愈技法。

02 非暴力沟通的三步走疗愈技法

非暴力沟通的三步走疗愈技法就是我在本节开篇说的疗愈式沟通策略。为了加深你的理解，让我们设想另一个场景，以进一步展示如何应用该技法。

假设某天晚上，你正在厨房帮忙切黄瓜，这时，父亲走进来，看到你切菜的方式不对，立刻大发雷霆："你就是这样做事的吗？连切个菜都不会！"

在这个情景中，父亲的暴怒再次显现，你可能会感到挫败、恐惧。但就像前面说的，这些反应无法解决问题，而且说不定还会让你这顿饭都吃不好。此时，如何践行非暴力沟通的三步走疗愈技法呢？

第一步：说事实

你需要描述一个具体的、客观的事实，不加入主观判断或评价。这样做的目的是避免引起对方的防御性反应，为接下来的沟通打下良好基础。比如，你可以说："爸爸，你刚进厨房看到我切菜的方式后，立刻发脾气说我不懂切菜。"这里，你仅仅描述了事情的经过，没有添加"你总是这么挑剔"之类的评论。

第二步：说感受

你需要表达自己对这个事实的真实感受。这一步骤的关键在于用类似"当……的时候，我感到……"的句式来表达自己的感受，而不是指责对方。例如，你可以这么说："当听到你这么说的时候，我特别难过，因为我正在尽力帮忙做好晚餐。"通过这样的表达，你传达了自己的感受，并且让父亲知道这些感受是因为什么情况而产生的。

第三步，说请求

接下来，就是你明确提出自己具体请求的时候了。**这一步的目标是让对方知道"你希望他做什么"，而不是"告诉他，他做错了什么"**。请求应当是具体的、可操作的，以便对方能够理解并执行。例如，你可以说："爸，我希望你能给我一些具体的指导，而不是一上来就批评我，这样我才能进步。所以，我想听听您的建议。"这样，你就提出了一个具体的请求，即希望父亲能够给予具体指导，而不是单纯地批评你。

通过这 3 个步骤，你不仅清晰地表达了自己对事实的认知、感受以及具体的请求，同时也给予了对方理解和回应的机会。这样的沟通方式有助于打破僵局，让双方能够在更加理性的基础上进行对话，最终达到相互理解和支持的目的。

03 最后的话

暴君式父亲的确不好相处，但如果你着眼于自己的感受，并且清晰、诚恳地表达这些感受，然后提出自己的请求，就能为彼此创造一个安全的空间，让暴君式父亲更有可能脱离原有的指责框架。

彼得·德鲁克曾经说过："管理的本质就是最大限度地**激发和释放他人的善意。**"尽管家庭中的沟通不是管理，但如果你能在每一次与暴君式父亲的沟通中都拥有选择的力量，**如选择讲述事实而非对抗，选择表达感受而非指责，选择说出自己的请求而非告诉对方他做错了什么，**那么，你就有可能最大限度地激发和释放暴君式父亲的善意。

第四章

策略

真正的强大，不是隐忍，更不是直接对抗

父亲情绪不稳定，怎么办

我曾在网上看过这样一条视频。

女儿生日当天，父亲心情很好，亲自下厨做了一桌菜。然而，当母亲夸奖父亲"这次的菜做得真好！"时，父亲立刻用力把筷子摔在桌子上，大声说道："什么叫'这次'做得好？我哪次做饭不好吃？不愿意吃就滚！"原本温馨的生日氛围瞬间被打破。女儿顿时无心过生日，立刻起身回到自己的房间哭泣，而餐厅里还不时传来父亲的叫骂声。

01 为什么父亲的情绪如此不稳定

你可能会说，怎么会有这种父亲？这也太敏感了吧。可是事实上，这样的父亲并不少。这些父亲或许在工作中承担着巨大的责任，在家庭中也扮演着重要的角色，但他们常常因为一些小事情绪失控。

那么，这些父亲的情绪为什么会如此不稳定呢？事实上，我们需要认识到情绪的爆发往往是深层心理问题的表现。以下是这些父亲如此情绪化的主要原因。

第一，有完美主义包袱

许多父亲可能对自己的角色有着完美主义包袱。他们希望在各个方面都能做到最好——无论是事业还是家庭。这种高标准可能会让他们对任何反馈都非常敏感，尤其是当这些反馈涉及他们认为自己已经尽力去做的事情时。

案例中的父亲可能觉得自己每次做饭都很用心，当听到妻子夸奖"这次的菜做得真好！"时，他误以为妻子在暗示他以前的菜都做得不好。**这种误解的背后是他对自己高标准的坚持以及对失败的恐惧。**

第二，早期遭受过心理创伤

早期遭受过心理创伤也会影响一个人的情绪稳定性。如果一个人遭受过严重的心理创伤，比如被忽视、虐待或者受到过其他形式的情感伤害，这些经历可能会在他内心留下深刻的印记。当类似的场景再现时，即使是微不足道的事情，也可能唤起他们内心深处的痛苦记忆，从而引发过度的情绪反应。比如，这位父亲可能在童年时期经常遭受批评，导致他对任何形式的评价都非常敏感，哪怕那其实是一句赞美的话。

第三，缺乏情绪控制能力

有些父亲没有完美主义包袱，也没有受过心理创伤，他们只是缺乏情绪控制能力。

你可能听说过盖奇的故事。1848 年 9 月 13 日，一根钢筋从他的左脸进入，从他的大脑前额叶穿出。在伤势如此严重的情况下，盖奇居然奇迹般地活了下来。可是，大难不死，却未必有后福。以前盖奇是个很有耐心的人，但经过这次变故，他开始变得极其暴躁。

为什么？因为钢筋损坏了他的大脑前额叶，而前额叶正是人类大脑中负责理性的功能模块，尤其是前额叶的右侧区域负责"克制冲动"。一个人情绪不稳定，很可能是由于他的前额叶功能不完善。

因此，一旦这些父亲感知到挫折或觉得不被理解，他们就很难控制自己的情绪反应。**所以，这种情绪反应并不是他们故意为之，而是因为他们缺乏适当的能力来处理自己的情绪。**这就好比一个人不帮你换桶装水，可能不是因为他自私或懒惰，只是由于他的肌肉力量不支持他这样做。

02　三步走策略

针对以上父亲情绪不稳定的原因，作为子女，你不妨采取如下三步走策略来应对。

步骤一：避免应激回应，采取可控回应

有一句话我特别喜欢，在此送给你："刺激与回应之间有一段距离，成长与幸福的关键就在那里。"

父亲的突然暴怒是你无法控制的，这是**刺激**；你选择回房间哭泣是**应激回应**；而先控制自己的情绪，继而安抚情绪不稳定的父亲，是你可以选择的**可控回应**。

想在父亲暴怒时做出可控回应，首先要做的就是深呼吸，给自己几秒钟的时间，让自己平静下来，避免做出应激回应。

步骤二：理解

在父亲暴怒时，我们还可以尝试用"理解"的态度来应对。我们要理解父亲的情绪反应并非有意为之，而是他痛苦和无助的一种外在表现。我们可以试着从他的角度出发，想象自己在同样的情况下可能会有什么样的反应。

如果你是案例中的女儿，当看到父亲情绪激动时，你可以试着用温和的语气说："爸爸，我看到你现在很生气，我知道你今天花了很多心思来做饭。可能刚才妈妈的话让你感到不被理解。我们能不能先冷静一下，坐下来聊聊发生了什么？"这样的话语既表达了对父亲情绪的理解，也给了他一个机会来表达自己的感受，有助于缓和局面。

此外，你还可以在父亲情绪稍微平复一些的时候，向他表示关心和支持："爸爸，我知道你从今天下午两点就开始在厨房忙活，就是为了给我过生日，你的付出我都看到了。我真的感谢你做了一桌好菜。"

通过这些话语，你可以传递出对父亲的理解和支持，帮助他感受到来自家庭的温暖和支持，从而减轻他因情绪失控而带来的负面影响。

步骤三：处理完情绪，再处理事情

有一句话叫作**"处理完情绪，再处理事情"**。

在父亲情绪稍微好转后，你可以尝试让气氛恢复温馨，继续庆祝生日。比如，你可以提议："既然现在大家都冷静下来了，我们继续庆祝生日吧！毕竟今天是我的生日，你们还没祝我生日快乐呢。"爱孩子的父母大概都不会拒绝这样的提议。

03 最后的话

不要试图改变父亲，那会让你很痛苦；不要试图回避，那更容易让你和父亲的心理距离越来越远；更不要试图和暴躁的父亲正面对抗，那只会带来双输的结局。

每个和谐的家庭都需要使用策略来经营。上述策略不仅能够帮助你更好地与易怒的父亲沟通，还能促进彼此的成长。

父亲一回家我就神经紧绷，怎么办

一个宁静的假日下午，阳光透过薄纱窗帘洒在客厅里，一切都显得如此慵懒而舒适。这是你回家休假的最后一天，你正躺在柔软的沙发上玩手机，偶尔瞥一眼窗外的风景，享受着难得的闲适时光。轻柔的音乐播放着，你沉浸在自己的世界里，忘记了时间的流逝。

突然，一阵脚步声打破了这份宁静，那是你熟悉的、略显沉重的脚步声，不同于母亲轻快的步伐。接着是钥匙在锁孔中转动的声音，门把手轻轻一转，门开了。父亲的身影出现在门口，那一刻，仿佛有一股无形的力量瞬间改变了房间里的气氛。

你感觉到一股紧张的情绪从心底升起，身体不自觉地绷紧，手指停止在手机屏幕上滑动，整个人不由自主地坐了起来。尽管你现在已经是一个独立工作、偶尔回家的成年人了，但在这一刻，你仿佛又回到了童年时期，那时的你需要时刻注意父亲的情绪变化。你试图掩饰自己的不安，却无法平复那突如其来的紧张感。

理智告诉你，现在的你已经有了自己的生活和事业，不需要像小时候那样惧怕父亲的每一个眼神和动作，但那种根深蒂固的情绪反应仍然会在不经意间出现，让你有一种说不出的紧绷感。

01 为什么父亲一回家，你就神经紧绷

为什么父亲一回家，你就神经紧绷呢？从脑科学和心理学的角度来看，这种紧张情绪的产生主要有 3 个原因。

原因一：杏仁核被激活

我之前讲过，大脑中的杏仁核负责处理情绪反应，特别是恐惧等情绪。在父亲回家的声音刺激下，你的杏仁核被激活了。这往往源于你将父亲回家的声音与过去的负面经历联系在一起，从而形成的强烈的条件反射。因此，每当听到这些声音，你的杏仁核就会立即做出反应，引发紧张和恐惧的情绪。

原因二：记忆再现

大脑中的海马体主要负责储存记忆，特别是那些与情感密切相关的记忆。你童年时期与父亲相处时的负面经历已经被储存在海马体当中了，当相似的情境再次出现时，这些记忆被重新激活，使你和当时一样紧张、不安。这些记忆在大

脑中形成了一种"内部工作模型"，它反映了你如何看待自己、父亲以及你们之间的关系。这种模型可能充满了不确定性和负面预期，导致你在面对父亲时容易产生紧张感。

原因三：消极的认知图式

什么是认知图式？它是我们已经形成的一套固定思维模式或认知框架，用于解释和理解周围的世界。这么讲有些抽象，怎么能更容易理解呢？

我曾在《了不起的自驱力：唤醒孩子的学习源动力》一书中讲过"波利亚罐的模型"。请想象有一个玻璃罐，里面装着一黑一白两颗小球，当你从玻璃罐中摸出任意一种颜色的小球时，就需要放回两颗相同颜色的小球，比如摸到一颗黑球，就要放回两颗黑球。

你获得一次正反馈，就相当于摸到了一颗白球；获得一次负反馈，就相当于摸到了一颗黑球。如果你第一次摸到了一颗白球，当两颗白球被放回罐子中时，罐子中就会有两白一黑 3 颗小球。那么，你下一次摸球的时候，摸到代表正反馈的白球的概率就会从之前的 1/2 提升到 2/3。当罐子里的白球越来越多，你在这方面的认知图式就会更积极。

同样，由于你过去在和暴君式父亲的互动过程中摸到了太多黑球，你现在已经形成了一种固定看法，即"父亲回家就意味着批评或冲突"。这种认知图式会自动过滤掉所有与之不符的信息，让你只关注那些符合你已有看法的情境。

02　如何消除紧绷感

以上这些都是你的内心感受，正所谓**"言未出，结局已演千百遍；身未动，心中已过万重山"**，简言之，就是你的潜意识制造了许多内心活动。

那如何才能控制这些内心活动，消除自己的紧绷感呢？你不妨从以下 3 种策略入手。

策略一：以放松训练应对杏仁核的过度活跃

放松训练包括深呼吸、冥想。

在你觉察到自己的紧绷感时，可以进行深呼吸，因为它是一种降低呼吸频率的动作，能有效地帮助你降低心率、缓解紧绷感。

将冥想培养为习惯非常有益。哪怕每天你仅仅冥想 3~5 分钟，它都能帮助你学会观察自己的情绪且不对其加以评判，这样便能逐渐提高你对紧绷情境的专注度，减少对过去负面记忆的回想。

策略二：通过认知重构改变消极思维

什么是认知重构？它是一种心理治疗方法，能帮助人们识别并挑战那些自动化的、消极的思维，并用更加积极、现实的方式来重新解释这些思维。其具体操作步骤如下。

第一步：你可以尝试识别自己在面对父亲时自动产生的消极思维，然后质疑这些思维。你可以问自己，现在是否仍旧有足够的证据支持这些思维，关于这些思维是否有其他合理的解释，以及这些思维对自己有何帮助。通过这些问题，你可以动摇那些消极思维的基础。

第二步：寻找证据来反驳你的消极思维，用新的、积极的解释来替代原有的消极思维。例如，你可以告诉自己："父亲回家并不总是意味着批评，也许他今天心情还不错。"

策略三：通过行为设计扭转消极认知图式

当然，就像之前说的，父亲已经一大把年纪了，很难改变。他如果还是老样子，那你又该如何扭转消极认知图式呢？

一种行之有效的策略是：**把每次在家的时间缩短，比如只停留三五天而不是一周**。这样，父亲在有限的时间里会更加珍惜与你的相处时光，从而减少批评或指责。同时，可以定期回家但不要过于频繁，比如每季度回家一次，而不是每个月都回家。这样既能与父亲保持联系，又不至于因为过于频繁的接触而使你产生过多的紧张情绪。

另外还有很重要的一点，尽量**避免消极场景，增加积极场景**。你可以回忆一下，过去导致你们频繁发生消极摩擦的场景有哪些，并有意识地避开这些场景，比如避免在饭桌上谈论敏感话题，或者尽量少在家里讨论与工作和财务相关的话题。通过有意地避开这些容易引发争执的场景，你可以降低"摸到黑球"的概率。

与此同时，每次回家前，你还可以**与父亲沟通，告知父亲你的行程安排，并提出一些活动建议**。比如，可以一起散步、看电影或外出就餐。这些活动可以增加你们之间的积极互动，减少摩擦。

通过以上行为设计，你可以逐步在和父亲的互动过程中"少摸黑球，多摸白球"，从而逐渐扭转消极认知图式，不断留存更积极的认知图式。

03　最后的话

真正的自由来自内心的转变，而真正的松弛感则可以来自放松训练、认知重构和行为设计。

愿你从此刻起，做一个有策略、懂心理、能进行行为设计的人。活在当下，重构过去，设计未来。让每一天都告别紧绷，拥抱松弛，让"罐"中的"白球"越来越多。

无法和父亲正常沟通，怎么办

在家庭关系中，与暴君式父亲的沟通问题是许多子女都会遇到的挑战。比如，你偶尔提到自己买的一件衣服不合身，父亲会立刻说："你看你，是不是总是自找麻烦？"又如，你前阵子报名参加了吉他课程，但有一段时间没练了，他每次看到吉他时，就会指责你浪费钱，说你做事只有三分钟热度。甚至每当你遇到问题，比如找不到手机或钥匙时，父亲不但不主动帮你，反而在一旁讽刺你，说你习惯差，做事总是丢三落四。更让你难以忍受的是，有一次临出门前，你因为不确定该穿哪件衣服而犹豫不决，父亲不仅连催你几次，最后还怒气冲冲地说他不想出去了。

面对这些情况，你可能会感到无助和沮丧。为什么你和父亲无法正常沟通？到底要怎么才能解决这样的问题呢？事实上，理解父亲无法正常沟通的本质是关键。

01　父亲难以正常沟通的本质

暴君式父亲为什么难以正常沟通呢？

第一个原因：他们不擅长表达

就拿上述例子来说。当你提到衣服不合身时，父亲的反应并不是出于恶意，而是因为他不擅长表达自己的关切。他可能担心你因为冲动购物而浪费金钱，但没有用一种温和的方式来表达这种担忧。相反，他选择了指责，这让他看起来像是在挑剔而不是关心。

同样，父亲总说吉他课程的事情，其实也是希望你能坚持，不要总是半途而废。但是，由于缺乏有效的沟通技巧，他选择了用最直接的方式——批评来表达这种担忧。这种表达方式不仅没有起到积极的作用，反而加剧了你们之间的紧张关系。

第二个原因：代际传承的影响

代际传承是指家庭中某些行为模式或特质传递给下一代人的现象。这种现象可以是积极的，比如良好的教育方式和正确的价值观；也可以是消极的，比如情绪管理不当、沟通障碍，乃至暴力倾向。

父亲可能从小就生活在一个充满压力、沟通不顺畅的环境中，这种经历无意识地影响了他的行为模式。例如，父亲的父亲，也就是你的爷爷，在你父亲小时候就总是指责他丢三落四，于是，每当类似的情景再现时，你的父亲也会无意识地重复爷爷曾经说过的话。这种模式在不经意间成了他与家人互动的一部分，就像他经历的一样。

第三个原因：对于不可控局面的恐惧

许多暴君式父亲，尤其是方块 K 型父亲这类有很强控制欲的父亲，其行为背后隐藏着他们对不可控局面的深深恐惧。一旦子女的行为不在他们的预期内，就会触发他们内心深处对于不可控局面的焦虑。

以你不确定穿哪件衣服这件事为例，或许父亲担心的是你的犹豫不决会影响计划好的活动，从而导致局面失控。他的愤怒和不满实际上是对外部世界不可控的一种防御反应。

这种恐惧并不仅限于具体事件，它深深地根植于个人的心理结构之中。对于一些父亲来说，特别是那些经历过动荡不安的童年的父亲，任何形式的不可控都可能引发他们强烈的情绪反应。他们倾向于通过控制来缓解这种恐惧，而这通常表现为对他人行为的严格要求甚至是苛责。

02 如何与父亲更好地沟通

了解了父亲难以正常沟通的原因之后，你可以采取以下有针对性的策略来改善你们的沟通状况，从而使你在与父亲沟通的过程中更加舒服。

策略一：提取核心信息，忽略负面内容

我们可以通过"提取核心信息，忽略负面内容"的策略让自己心情舒畅。这一策略具体实施起来只有两个步骤。

第一步，提取核心信息。仍旧以父亲对你购买的衣服不合身发表意见为例，试着找出他真正关心的要点，比如他可能担心你花钱过于随意，那你就可以立刻回应："我明白，你是担心我花钱太随意，其实我已经考虑过了，这件衣服确实不适合我，我打算退掉。"

第二步，忽略负面内容。这一步需要你专注于解决问题本身，而不是被父亲的言辞影响。例如，在讨论吉他课程时，你完全可以忽略"三分钟热度"等负面用词，然后这样回答："我知道你希望我能坚持下去，最近确实有点忙，但我打算这个周末就重新开始练习。"

通过这一策略，你可以为自己戴上一副心理上的"降噪耳机"，屏蔽那些刺耳的批评声，专注于对方真正想要传达的信息。这样一来，一方面你能更有效地解决问题；另一方面，你还能保护自己不受伤害，同时提升自己的情绪管理能力。

策略二：接受现状，积极应对

正如前面提到的"改变我们可以改变的，接受我们无法改变的，无法改变也无法接受的，那就先放一放"，这句话在处理与暴君式父亲的沟通问题上同样适用。

所以，我们要知道，父亲的成长背景和他受到的影响都是我们无法直接改变的因素。因此，我们要么接受这一现状，要么暂时搁置这些无法改变的部分，专注于我们可以改变的部分。

与此同时，当父亲的某些言行让你感到不舒服时，你可以采取一些积极的应对措施。例如，当父亲因为你找不到手机而批评你时，你可以平静地回应："我正在找，如果你能帮我一起找，我会很感激。"这种回应方式既表达了你的需求，又避免了直接的冲突。

当父亲表现出积极的行为时，一定要给予正面的反馈。如果他没有批评你，而是提供了帮助或建议，记得感谢他。这样的正面反馈可以鼓励父亲更多地展现出积极的一面。

策略三：预告变化，制订计划

既然你已经了解到父亲的掌控欲很强，并且他对任何可能导致失控的局面都特别敏感，那么与其等待他在最后一刻因为计划的变化而"原地爆炸"，不如提前预告，让他有足够的时间来适应和接受这些变化。例如，当你预估自己可能会不确定穿哪件衣服时，可以提前一天与父亲讨论这个问题。你可以这样说："明天我们要出门，你觉得我应该穿这条蓝色长裙还是那条红色短裙？"通过这种方式，你不仅提前告知了父亲可能出现的变化，还让他有机会参与进来，与你共同商讨解决方案。这样一来，父亲会感到自己仍然处于可控的局面，从而减少不安。

在实际生活中，你也可以与父亲一起制订详细的计划，并确保你们都清楚各自的职责。如果计划中有需要调整的地方，及时与父亲沟通，并说明原因。在计划实施的过程中，及时分享进展情况，让父亲了解事情的动态。如果计划顺利，可以告诉他你的感受；如果有问题出现，及时与父亲沟通并一起寻找解决方案。

另外，准备一些备选方案也很关键，这样可以减少因变化带来的焦虑感，并让父亲知道即使有突发状况，你们也有应对措施。保持开放的态度，根据实际情况调整计划，让父亲知道你愿意灵活应对，而不是固守不变。

当然，以上策略只能提升你们正常沟通的概率，但无论你做了多少努力，都无法完全保证暴君式父亲不会再次陷入难以正常沟通的状态。因此，**"降低期待，容他随时爆发"永远是你让自己尽量保持舒适心态的不二法门。**

03 最后的话

在与父亲的相处中，找到让自己舒服的方式才是长久之计。

尽管改变他人几乎是不可能完成的任务，但我们完全可以通过理解父亲难以正常沟通的本质和使用有针对性的策略来改善自身的处境。

当你学会了如何"提取核心信息，忽略负面内容""接受现状，积极应对""预告变化，制订计划"，你会发现自己的内心变得更加平静与强大了。正如一句话所说："在无法改变的大环境中找到让自己舒服的小气候，恰是生活的智慧。"

父亲对外人热情友好，对家人却恶语相向，怎么办

有一类父亲，总是对同事、朋友热情友好，如同谦谦君子；而一旦回到家里，就仿佛变了一个人，他们会把所有的负面情绪都发泄到家人身上，言语中充满了攻击性。

这类父亲以红桃 K 型父亲和梅花 K 型父亲居多。可是，他们为什么会这样呢？

01 父亲里外不一的本质原因

他们之所以会有这样的表现，本质上有两大原因。

原因一：缺乏同理心

这类父亲缺乏同理心，他们很难设身处地地去理解他人的情感、思想以及行为。你明明已经因为他的数落感到不适，甚至已经将这种不适表现在脸上了，但他好像完全没感觉到似的，依旧在自顾自地数落你。

正是由于缺乏同理心，这类父亲总是无法意识到自己的言行给家人带来了巨大且持久的伤害。当然，还有一种情况

是，他们压根儿不在乎，因为在其观念中，家庭是一个私人领域，对待家人无须像对待外人那样热情友好，这种认知偏差导致他们在面对家人的情感诉求时显得格外冷漠和自私。

而且，哪怕在某些时候，他们意识到了自己的行为有问题，但由于缺乏改变的动力或不知道如何改变，他们仍会选择保持现状。

原因二：利益优先

在与外人交往时，这类父亲中的一部分人可能会更多地考虑利益交换，于是对外人表现得较为周到和友善。因此，这类父亲在与外人的相处中，经常能有意识地维护良好的关系。因为他们认为，这些关系在未来或许能带来合作机会、良好资源、职业升迁。所以，他们很会在外人面前做好所谓的"印象管理"。然而，在家庭内部，由于缺乏这种利益驱动，加之他们下意识地觉得无论如何，家人都会原谅自己，所以他们很容易放松对自己行为的约束。

与此同时，"外人是强者，家人是弱者"的观念也会在他们的潜意识中形成。于是，在没有外部压力的情况下，这类父亲就会觉得根本没有必要在家庭中维持同样的礼貌，不需要刻意掩饰自己的情绪或行为。每当他们在工作中遭遇挫折，感到无力，又不愿意在外人面前示弱时，**他们就会选择将这种负面情绪带回家里，将压力转移到家人身上。**

因此，家里便顺理成章地成了他们可以安全释放负面情绪的地方，家人也自然而然地成了承受这些情绪的对象。在这个私密的空间里，他们可以不再伪装，将自己内心的不满与愤怒毫无保留地展现出来。这就像张德芬说的那样：**"越是要面子、喜欢讨好外人，获得认同的人，对自己亲密的人越不好，因为能量都用到外面去了。而面对亲人时，只好把负面性、不耐烦等展现出来。"**

可是，遭受痛苦的可是你和你的母亲，怎么办？你可以采取以下两种有针对性的策略。

02 两种策略

策略一："双打直球"，选择时机

当你面对一个缺乏同理心的父亲时，一种有效的策略就是和你的母亲联手，用更直接的方式来表达你们的不满。我把这种策略称为"双打直球"。

先说为什么选择"双打"。 因为无论是你单独行动还是只由母亲出面，仅凭一个人的力量难以对父亲产生足够的影响。相反，只有你和母亲一起行动，你们的声音才会更加铿锵有力，你的父亲才可能重视你们两个人的一致意见，而不是将其视为单方面的抱怨。

那为什么又要打"直球"呢？因为父亲无法共情。你们只有把压抑在心底的委屈、愤懑摊在桌面上，他才能真正听懂，听进去！

请想象一下，当你和母亲选择在一个大家都比较放松的时间，比如晚饭后的散步时间，共同向父亲表达你们最真实的感受，父亲会有什么样的反应？比如，你可以先开口，温和但坚定地说："爸，我看你最近心情不好，总是把情绪带到家里，是不是工作上遇到什么问题了？"接着，你的母亲可以补充道："是的，有压力可以说出来，大家帮你想想办法，不要乱发脾气，毕竟我们都不希望家里成为一个互相伤害的地方。"

这不仅能够直接传达你和母亲最真实的感受，还能够减少父亲的抵触情绪。因为当两个人都在表达同样的诉求时，父亲更可能意识到，这并不是针对他的指责，而是真正存在、需要重视的问题。

与此同时，选择合适的时机也是关键。比如，在父亲心情较好、不太疲惫的时候，你和母亲可以发起谈话。你和母亲可以事先沟通好，并使用我之前说过的非暴力沟通策略：先说事实，再说感受，最后说请求。

通过"双打直球"的策略，你和母亲不仅能够更有效地表达自己的诉求，还能够帮助父亲认识到他的行为的后果，从而逐步改善家庭关系。当然，我仍旧要强调，人无法被完全改变，但人可以被影响。尽管影响父亲不能一蹴而就，但只要持续影响，家庭氛围就可能更和谐。

策略二：戳破假设，以牙还牙

针对父亲"利益优先"的想法，你和母亲的解题之道是戳破父亲不切实际的假设。什么假设？那就是他认为"无论如何，家人都会原谅自己"。你们只有用实际的行动向他证明这种假设并不成立，他在对家人恶语相向之前才会有所顾忌。

具体要怎么做呢？答案是实施"以牙还牙"的博弈策略。

什么是"以牙还牙"？它是重复囚徒困境博弈中的一种策略，即在后续的互动中模仿对方在前一次互动中的行为。

具体到家庭场景中，你和母亲可以尝试设立一些清晰的边界。每当父亲越过这些边界，如使用侮辱性语言或是做出不恰当的行为时，你们可以平和但坚定地告诉他："这样的行为是不被接受的，如果你继续这样，我们会不再给你准备饭菜，不再帮你洗衣服，甚至不再和你说话。"

这里的关键在于保持一致性，只要他越过边界，你和母亲都要有相应的反馈。同时，当父亲表现良好，没有将外界的压力带回家中时，你们也应该及时给予肯定。这种正向的反馈可以帮助他建立起积极的行为模式，并让他意识到家庭成员间的相互尊重有多么重要。当然，这个过程一定不会一蹴而就，它需要时间和耐心。你和母亲需要坚持下去，直到父亲意识到他的行为会对自己产生负面影响。

总之，通过"以牙还牙"的策略，你们可以戳破父亲的不当假设，通过反馈来促使他做出正确的反应，影响并激励他在家庭这个更需要温暖和互相支持的地方展现出更好的一面。

03 最后的话

家庭，从来都不是负面情绪的收容所，而应是爱与支持的源泉。面对那些对外人热情友好、对家人却恶语相向的父亲，请用好上述策略去扭转现状。请带着坚定的决心迈出每一步，不急于求成，也不轻易放弃。**怀揣信念，稳步前进，坚持践行，你将逐渐感受到家庭带来的温暖。**

在家总是感觉被控制，怎么办

琳达前几周离开了原来的公司，正式成为一名自由职业者。原本她以为这样可以省下上下班通勤的时间，在熟悉的环境中工作也会更加自在。然而，当她退掉了租的房子，搬回父母家后，才发现事情并没有那么简单。

琳达与父亲之间的摩擦日益增多。父亲习惯于安排家里的一切事务，如今，随着两人相处时间的增加，他开始对她的日常饮食起居，乃至工作安排指手画脚。这让琳达感受到了极大的压力，原本期待的避风港变成了一片新的"战场"。琳达在家总是感觉被控制，怎么办？

要解决这个问题，首先要理解它的原因。

01 在家总是感觉被控制的原因

原因一：早期记忆被激活

琳达的父亲很可能是方块 K 型父亲，正如之前所述，方块 K 型父亲的特征表现为高度的自我中心主义和强烈的控制欲望。

在成长过程中，琳达与父亲之间的关系可能深受他们早期互动模式的影响。每当琳达尝试表达自己的愿望或做出决定时，父亲总是倾向于用自己的方式来替她做选择。这种经历在她心中留下了深深的烙印。当她搬回父母家后，那些曾经让她感到不安全的记忆被重新激活，使得她即使已经成为一名自由职业者也难以摆脱过去被支配的感受。比如，有一天早晨，琳达打算早点起床开始工作。她刚走到厨房，准备为自己冲一杯咖啡，就听到父亲的声音从客厅传来："琳达，今天记得把垃圾倒掉。"这样的指令似乎无处不在，无论是在餐桌上，还是在她试图专心工作的时候。父亲的习惯性干预让琳达感觉自己又回到了那种依赖性强、自主性弱的小孩状态，这种心理上的退行使得她对父亲的行为更加敏感。

原因二：社会角色的冲突

社会角色的冲突也是琳达感觉被控制的重要原因。作为自由职业者，琳达通常会展现出独立自主的一面；而在家里，她似乎永远只能被指导和监护。例如，吃晚餐时，全家人围坐一桌，琳达忍不住分享自己工作上的成就，而父亲却打断了她，转而谈论起他认为的更重要的事情。在这种情形下，琳达面临的不仅是社会角色的冲突，还有情感上未获得回应的失落。又如，某一次，琳达接到了一个重要任务，需要加班完成。晚上 10 点，她还在书房里忙碌，父亲却反复敲门进来，关切地说："这么晚了还不睡，对身体不好，别干了，赶紧睡吧！"尽管这是出于关心，但这让琳达感觉自己的决定总是被质疑和被忽视。

在这种情况下，琳达面临着两种角色的冲突：**一方面，她渴望被当成一个成熟的、有能力管理自己生活的成年人；另一方面，父亲可能依然将她视为需要指导和监护的对象。**这种角色的冲突使得琳达在家中感到自己的自主性被削弱，她追求的独立与她在家庭中的传统角色定位产生了冲突，这无疑进一步加剧了她的挫败感和不满。

所以，当"早期记忆被激活"和"社会角色的冲突"两个因素交织在一起，就使得琳达在家总是感觉被控制。

02　如何消除被控制感

尽管方块 K 型父亲的控制欲比较强，但在各类暴君式父亲中，这类父亲属于相对容易沟通的类型。因此，为了消除这种被控制感，让彼此能找到一个合适的位置，琳达可以采取如下两种行动方案。

行动方案一：进行一次关键对话

针对早期记忆被激活带来的影响，琳达可以尝试与父亲进行一次"关键对话"。

什么是关键对话？它不同于一般的日常交流，通常具有3个特征：**对话双方的观点有很大的分歧，对话的风险较高，对话双方的情绪可能会非常强烈。**因此，在进行关键对话之前，需要做足准备工作，具体包括以下3点。

第一，选择恰当的时间。找一个双方心情都较好、没有其他紧迫事项需要完成的时间。例如，一个轻松的周末午后，选择这样的时间可以减弱对话的对抗性。

第二，明确对话的目的。琳达需要清晰地知道自己想要达到什么样的目的，如是希望父亲理解她的独立需求，还是希望父亲能改变某些具体的行为？明确目的有助于使对话更有针对性。

第三，使用非暴力沟通策略。采用"说事实、说感受、说请求"的沟通结构，把语言的攻击性降到最弱。比如，琳达可以说："爸爸，我每天早上准备开始工作时，你就提醒我做各种事情，这让我感到自己好像失去了独立性。我希望你能相信我已经能够管理好自己的生活了。你能给我一些空间吗？"注意到了吗？这里她用的是"每天早上"而不是"总是"，请体会一下听者听了之后情绪感受的不同。是不是"每天早上"相对客观，而"总是"相对主观？客观是不是比主观的攻击性更弱？

通过这样的对话，琳达不仅表达了自己对独立性的渴望，还传递了对父亲的关心和认可，这有助于削弱父亲的抵触情绪，增进他对女儿主张的理解和支持。

行动方案二：强化独立性标签

与此同时，针对社会角色的冲突带来的挑战，**琳达的主要目标是向父亲强化自己的独立性标签，以形成一个相对平等的沟通基础**。在具体的行动上，她可以主动承担一些家庭责任，从而证明自己已经是一个可以独立处理事情的成年人了。比如，在吃晚餐时，琳达可以提议家庭成员轮流负责制定家庭菜单，或者自己主动承担某些家务，这样不仅能展现她的责任感，也能让父亲看到她成熟的一面。她可以这样说："爸爸，我觉得我们可以轮流制定每周的家庭菜单，这样每个人都可以参与制订家庭计划。"通过这种方式，琳达不仅能展现她的组织能力，还能表明她愿意为家庭贡献自己的力量。

同时，为了进一步强化自己的独立性标签，琳达还可以在取得某种成就之后，请家庭成员到高档餐厅去办一次庆功宴，并且在庆功宴上发表一场简单的演说。为什么选择高档餐厅呢？因为这样的场地与家里或普通餐厅完全不同，不是方块 K 型父亲的主场，高档餐厅可以提供一个更为正式和庄重的环境，让父亲意识到这是一个特别的场合。

为什么要在这样的场合发表一场简单的演说呢？因为此时琳达站着发言，父亲坐着倾听，可以更容易使父亲将琳达视为独立个体而非单纯需要他指导的女儿。

　　通过实施以上两种具体的行动方案，琳达不仅能够在心理上减轻被控制的感觉，还能够在实际行动中逐步建立和强化自己的独立性。随着时间的推移，她与父亲之间的边界可能会更明晰，这有助于创造一个更加能支持和理解她的家庭环境。

03　最后的话

　　转变从来都不是一蹴而就的，尤其是当你试图改变一段长久拥有既定模式的关系时。然而，琳达的故事告诉我们，通过主动采取措施，我们完全可以逐渐调整自己在家庭中的位置，从而实现个人的成长和保持心情的愉悦。

　　正如一句话所说："**你无法选择你的原生家庭，但你可以选择你成为的人。**"前文的行动方案能帮助与琳达具有类似境遇的人，使他们从一个在家庭中感到被控制的人变成一个主动掌控自己生活的独立的人。

被指责忘恩负义，怎么办

请想象这样一个画面。

夜幕降临，你坐在书房的桌子前，计算机屏幕上的光照在你略显疲惫的脸上。电话声突然响起，打破了夜晚的宁静。你拿起手机，看到来电者是父亲，心中不由得一阵忐忑。近几个月来，父亲给你打电话，几乎都是为了向你要钱。尽管每次你都尽力满足父亲的要求，但随着时间的推移，这样的请求让你感受到了前所未有的压力。

你接通了电话，父亲的声音传来："最近资金周转还是有些困难，你能不能再帮帮忙？"听到这里，你的心中会不会五味杂陈？是的，你的确理解父亲的处境，但也渐渐意识到这种无止境的帮助可能会导致自己陷入困境。更重要的是，每当你试图与父亲探讨这个问题时，父亲总是说"你忘记了我是怎么把你带大的吗？现在的小孩怎么都这么忘恩负义！"，这样的言辞会不会让你倍感无力？

面对这种情况，你究竟该怎么办呢？

有一句话是这样说的："**如果不从动机的角度思考问题，**

心理学的一切都毫无道理。"

要解决问题，我们必须先对症下药。这里的"症"并不是"父亲问你借钱，你不愿借后，他指责你忘恩负义"，而是他的心理动机，然后根据他的动机采取有针对性的措施。

但不同类型的父亲，动机是不一样的，所以在这里我们需要分类讨论。

01　第一类：黑桃K型父亲

黑桃K型父亲的主要特征是情绪极其不稳定，容易反应过度，并且缺乏同理心。因此，即便他在言语上对你有诸多责备，也不一定代表他内心真的持有那样的看法。换言之，尽管他的言辞可能尖锐苛刻，但实际上我们并不需要过分在意，因为他的情绪来得快去得也快，很可能在挂断电话后的第二天他就将电话里的争执抛诸脑后。如果你因此陷入内耗，实在得不偿失。

因此，在处理与黑桃K型父亲的对话时，保持冷静至关重要。你要学会区分哪些言论是出于他的情绪化反应，而不是经过深思熟虑的。用以静制动的策略，先耐心听他说完，然后再做出回应。必要的时候，你可以采取迂回策略，因为**黑桃K型父亲更在意的是即时的情绪释放，他除了向你求**

助，往往还有其他许多渠道去解决实际问题，所以在与他交流时，你甚至可以一边打电话一边干其他事情。他在通话中提出要求或向你抱怨时，你也不用急于反驳或解释，而是可以给他一个倾诉的机会，让他发泄情绪，这样有助于缓解他的情绪。你要相信他完全有能力通过其他办法来解决"资金周转"等问题。

02 第二类：红桃 K 型父亲

红桃 K 型父亲的特点是特别爱面子，而且在家庭内部表现得强势甚至专横。这样的父亲往往非常在意自己的尊严和社会地位，不愿意在外人面前显露自己的脆弱。因此，**红桃 K 型父亲向你要钱，不仅是为了解决经济上的问题，更是他对自尊心和自我形象的维护。**

面对红桃 K 型父亲时，你必须非常小心地处理该问题，以免触碰到他的敏感点。指责你忘恩负义，是他试图通过道德绑架来达到目的的一种方式。

在这种情况下，你需要采用一种既尊重他又不失坚定的方式来沟通。首先，表达你对他的理解和支持，让他感受到你的关心。接着，可以委婉地说出你的难处，并试图与他探讨其他可行的解决方案。例如，你可以这样说："爸爸，我知道你遇到了困难，我也很想帮你。但是我现在手头也不是很宽裕，不如我们一起想想有没有其他办法？"

你可以提议帮助他制订一个详细的财务计划，这样做既能体现你对他的支持，又能避免使自己陷入财务困境。

红桃 K 型父亲可能一时难以接受你的建议，但通过持续的、有建设性的对话，他可能会逐渐认识到，你并不是在拒绝他，而是在寻找一个对你们都有益的解决方案。

03 第三类：方块 K 型父亲

方块 K 型父亲的控制欲极强。因此，当他向你借钱时，可能并不是真的缺钱，而是他希望掌控你的金钱，以体现他的权威。如果是这种情况，你该如何是好？

你必须先确定他借钱的真实原因。

你可以询问一些具体细节，比如这笔钱将用于何处，或者是否已经尝试过其他解决途径。这样做，一方面能帮助你更好地理解父亲的真实状况；另一方面，也能展示你对他需求的关注和重视。

在了解了实际情况之后，如果发现父亲只是希望通过这种方式来展现他的权威，那么你就需要更加谨慎地处理。这时，你应当确立并表明自己的边界。必要的时候，你也可以用一些借口，比如，你可以说："爸爸，我很想帮助你，但我的钱都放在一个理财产品中，提前取出会有损失。"

当然，沟通不是一次就能完成的任务，尤其是在面对固执的父亲时，因此你一定要降低期望。你可能需要尝试多次，并且在每次交谈时都守好自己的边界。

请记住，在这一切的背后，让自己舒服是最重要的。如果感到压力过大，不妨找亲友倾诉。他人的支持和劝阻也可以在一定程度上削弱方块 K 型父亲的控制欲。

04　第四类：梅花 K 型父亲

无疑，梅花 K 型父亲可能是我们最不愿意面对的。这类父亲如果开口向你借钱，他自己陷入财务危机的可能性是最大的。

对于频繁借钱的梅花 K 型父亲来说，借钱成了难以摆脱的问题，因为他们很少能够从根本上改变自己的行为模式。所以，在面对他们时，最重要的是认识到单靠金钱援助并不能解决问题，甚至可能加剧问题。

我身边就有一个梅花 K 型父亲，他就和电影《孤注一掷》里最后跳楼的顾天之一样，沉迷于赌博，不断地向家人、朋友、同事、孩子借钱。最终，他甚至不再去工作，消失得无影无踪，没有人知道他的下落。

所以，如果你的父亲也属于这种类型，不断地向你借钱，并且在你不借的时候指责你不懂感恩、忘恩负义，那么我想说：**遇见烂事，及时止损；遇见"烂人"，及时抽身。哪怕这个"烂人"是你的父亲。**

05 最后的话

面对不同类型的父亲提出借钱的请求，重要的是分析其动机，并有针对性地实施既能让自己安心，又能保护自身利益的策略。

无论是黑桃 K 型父亲的情绪化，红桃 K 型父亲的爱面子，方块 K 型父亲的强控制欲，还是梅花 K 型父亲的财务危机，都需要我们用勇气和策略去妥善处理。

我们要在爱与责任之间找到那个恰到好处的平衡点，既不让爱变得沉重，也不让责任成为枷锁。

对父亲又爱又讨厌，内心矛盾，怎么办

你的父亲是一个让你又爱又讨厌的人吗？

我看到过一个女儿分享的故事。白天，她和父亲大吵了一架，晚上，父亲走进她的房间，而她则把头蒙在被子里装睡，结果没想到，父亲叹了口气，给她点了一盘蚊香就出去了。这个女儿坦言，**每次她决定要狠狠讨厌父亲的时候，想起这盘蚊香，瞬间就心软了。**

是的，在孩子成长的过程中，有不少父亲的形象是复杂的，有让人排斥的一面，也有让人暖心的一面。当他在情绪失控的时候，尖锐的话语可以轻易地伤害孩子的心，让孩子感到无助与恐惧；然而，当他冷静下来后，他又用他特有的方式来表达自己的爱意。

所以，很多人都对父亲爱恨交织。可是，既想靠近父亲，又想远离他，这两种情感很矛盾，怎么办？

01 矛盾感的本质

要想消除矛盾感，我们需要先理解这种矛盾感的本质是什么。

必须承认，矛盾感一定会让人觉得不舒服，而这种不舒服主要源于我们的认知失调。正如利昂·费斯廷格在 1957 年提出的认知失调理论所描述的那样，**当一个人拥有两种或多种相互矛盾的认知时，就会产生不愉快的心理体验。**例如，面对父亲的严厉批评或其在关键时刻的情绪失控，你可能会认为这是不可接受的，但事后你又感受到他无私的爱与关怀。这两种截然不同的体验就如同两股力量在你内心拉扯，让你无所适从。

这种矛盾感通常源自我们对父亲的期望与现实之间的巨大落差。小时候，我们或许将父亲视为家庭中的支柱，期待他是坚强、可靠的存在。然而，随着时间的推移，我们发现父亲脾气暴躁。在这种情况下，我们从小对父亲的那种近乎完美的期待与现实中父亲表现出的情绪不稳定形成了鲜明的对比。而这种对比会让我们感到困惑，甚至痛苦，因为我们既要面对他偶尔展现出的温柔与关怀，又要承受他突然爆发的愤怒和责骂。

这种不稳定的情感体验使你既想接近父亲，去理解和修

复这段关系，又害怕再次遭遇伤害，从而选择与父亲保持距离。爱与怕、亲近与疏远的复杂交织正是你认知失调的关键，也是你需要面对和解决的核心问题。

02　如何消除矛盾感

理解了矛盾感的本质，要消除矛盾感，你可以从两个方面入手。

第一，降低对父亲的期待

"幸福的人生有一个秘诀，那就是降低期待值，并把注意力聚焦在美好的事情上。" 这句话同样适用于处理我们与父亲的关系。当我们对父亲寄予过高的期待时，他对我们造成的任何伤害一定会让我们失望；而倘若我们能够降低自己的期待，把注意力放在那些美好的小事上，内心就会变得更加平和。所以，当你把父亲视为家庭中的英雄，期待他永远坚强可靠时，往往会忽略他也有自己的情绪和需要应对的挑战。试着理解这一点，接受父亲并不是完美的，这样我们就能更好地应对那些他情绪失控的时刻。

留意那些看似微不足道的小事，比如父亲为你默默点燃蚊香。这些小事往往蕴含着父亲深沉的爱。当我们把这些小事铭记在心时，便能在父亲情绪失控时给自己一个缓冲的空间，不至于使自己完全陷入负面情绪。

当我们感到失望时，不妨先停下来问自己几个问题：**我对父亲的期待是不是太高了？我是不是忽略了他所有的付出？**这样的自我反省可以帮助我们调整心态，更加客观地看待父亲的行为。

第二，增强"非整合"能力

什么是"非整合"能力？这一概念由雅各布·洛姆兰兹和雅艾尔·本雅米尼在 2015 年提出，指的是一种忍受认知复杂性、接纳矛盾信息的能力。

这样说可能有些抽象，我来举个例子，你可能会更容易理解。想象一下，你走进一个房间，看到桌子上放着一个玻璃杯，而这个玻璃杯有 $\frac{1}{3}$ 的部分悬空在桌子边缘。此时，你会不会感到很不舒服？你是不是很想走过去把玻璃杯挪到离桌子边缘远一点的位置？**这种冲动越强烈，就说明你的"非整合"能力越弱。**

同样，在处理与父亲的关系时，我们也会面临类似的认知冲突。而当我们能够接受父亲的两面性，并且在心理上允许类似的认知冲突持续存在时，我们就具备了较强的"非整合"能力。读到这里，你是不是恍然大悟了？**原来"允许一切发生"并不是一句空话，而是一个人"非整合"能力的**

体现。

那关键的问题来了，如何增强"非整合"能力呢？

首先，当你理解了"非整合"这个概念的时候，你就已经比不理解该概念的人更容易接受认知的复杂性了。这就好比你第一次看到悬空$\frac{1}{3}$的玻璃杯时，内心感到不安，但你接纳了这种现象，那你就能比没有这种意识的人具备更强的"非整合"能力。

其次，学会迅速将注意力放在别处，转移对矛盾感的关注。比如，当父亲的行为让你感到不安时，你可以去做一些更重要的事情，毕竟，父亲的脾性如此，一会儿他可能就把刚才的情绪抛到九霄云外了。

这让我想起一个故事。有一次，一个小和尚与他的师父一起去化缘。途中，他们遇到一个姑娘想过河却不敢过，师父便主动背她过了河。小和尚对此感到不解，但一直未敢询问。直到走了30里（1里=500米）路后，他终于忍不住问师父为何背那个姑娘过河。师父笑着说，他背她过河后就放下了，反而是小和尚背了这个念头30里还未放下。你看，老和尚能够接受并迅速放下看似不符合常规的行为带来的矛盾感，而小和尚则因为无法立即接受这一行为而备受困扰。

所以，这就像菲茨杰拉德说的一样："检验一流智力的标准，就是头脑中能同时存在两种相反的想法但仍保持行动能力。"

03　最后的话

让我们回到最初的那个问题："你的父亲是一个让你又爱又讨厌的人吗？"这个问题的答案可能因人而异，但它确实反映了父女、父子之间复杂而又微妙的关系。但是，无论你的答案是什么，**重要的是学会消除你内心深处的矛盾感。而通过降低期待，增强"非整合"能力，你完全有可能逐渐学会在爱与讨厌之间找到平衡，实现自洽。**

总是想向父亲证明自己，怎么办

在我们的成长过程中，父亲通常是家庭中的权威象征。对于那些拥有暴君式父亲的孩子来说，成年后即便在职场上取得了成就，他们的内心深处仍可能存着一种念头——总想向父亲证明自己。这是为什么呢？

01 想要自证的原因

一个人总想着向父亲证明自己，主要有两大原因。

原因一：总是被习惯性否定

在成长的过程中，孩子需要从父母那里获得爱与支持，这对于建立他们的自信心和安全感至关重要。如果父亲经常以高标准严格要求孩子，**而孩子付出努力但仍未达到父亲的要求，父亲不断的否定会让孩子产生不被接纳的感觉。**例如，当一个孩子满心欢喜地拿着得了 99 分的试卷回家，期待得到表扬，结果父亲却说："有什么好骄傲的，100 分才是你该追求的目标。"这种经历会让孩子逐渐内化这种否定，认为自己无论多么努力都无法满足父亲的期待。

随着时间的推移，这种内化的否定还会演变成一种自我评价体系，使得孩子在成年后依然会用同样的标准来衡量自己的成就。即便在外人看来他们已经非常成功，但他们仍然觉得自己还不够好。比如，三毛曾在给她父亲的信中写道："对我来说，一生的悲哀，并不是要赚得全世界，而是要请你欣赏我。你的一句话就决定了我文章的生死。世界上，在我的心目中，你是最严格的批评家。其实你并不存心，但我自己给自己打了死结，只因我太看重你。"

你看，哪怕像三毛这样拥有杰出成就的人，也会想要向父亲证明自己，更何况绝大多数普通人。"从小到大都被父亲否定"，驱使着他们不断地去追求更高的成就，以此来寻求内心的安全感，希冀得到父亲的认可。这是他们内心最深处的痛，对于他们来说，**无论外界如何赞誉，内心那道父亲未曾打开的认可之门，他们始终盼望着父亲来打开。**

原因二：内心的愤怒需要释放

人们的行为常常受到未解决的情绪的驱动，尤其是那些在童年时期累积下来的负面情绪。那些在成长过程中经历了持续高压和批评的孩子，内心深处往往会积蓄大量愤怒。**这种愤怒并非对父亲的敌意，而是对不公平待遇和不被理解的情感反应。**随着时间的推移，这种情绪如果没有得到适当的处理，就会转化为一种内在的动力，推动他们在日后的生活和工作中不断证明自己，**以此间接地"报复"或挑战曾经的权威形象。**

这种无意识的行为模式实际上表现出他们希望能够通过自己的成功来获得一种迟到的公正感。换句话说，**他们希望通过自己的努力，向过去那个无法为自己发声的小孩证明，他其实是值得被爱和尊重的。**在这一过程中，他们或许并不是真的希望从父亲那里得到什么具体的认可，而是渴望能够通过自己的行动化解心中的怨气，使内心变得平静。比如，在职业生涯中取得显著成就的人，有时会发现自己在完成任务时仍然在不自觉地追求完美，即使这已经超出了实际工作的需要。这种过度投入很可能是为了弥补童年时期体验到的不足感，也可能是为了释放内心长期累积的愤怒。

02 如何放弃自证

既然了解了为何会有这种持续性的自证冲动，下一步便是探讨如何放弃自证，实现真正的自我接纳。具体要怎么做呢？可以分为 4 个步骤。

第一步：从无意识到有意识

当你发现自己正在自证的时候，请仔细分辨你的哪些行为是为了取悦他人，哪些是源自你的真实意愿。你可以试着记录下这些内容，包括当时的情境、你的感受以及你最终采取的行动。这能帮助你更清晰地看到你的行为模式，并使你逐渐学会区分哪些行为是出于你的真实意愿，哪些行为是出于惯性反应。

第二步：识别内在情绪

自证是"果"，情绪是"因"。要想消除"果"，你需要顺藤摸瓜，找到"因"，也就是导致这种行为的根本情绪。通常，这种情绪可能包括恐惧（害怕不被接纳）、愤怒（对不公待遇的不满）或悲伤（对缺失父爱的遗憾）。当你察觉到自己正在自证时，试着深入探究自己当下的情绪状态。你可以问自己："我现在体验到的是什么情绪？这种情绪背后隐藏着什么样的需求或渴望？"通过这样的自我对话以及给你的情绪打上标签，你可以更好地理解自己，并为下一步做好准备。

第三步：练习自我关怀

什么是自我关怀？它是指在经历痛苦时，你对自己的支持，无论这种痛苦是由自己的错误、不足还是由外部挑战引起的。克里斯廷·内夫将自我关怀分解为3个要素。

要素一，在情感上，你要学习像对待朋友、爱人一样支持自己。遇到失误或痛苦时，你怎么安慰你的朋友，就怎么安慰自己。

要素二，在认知上，你要记住，你并非唯一把事情搞砸的人。搞砸事情又如何，做错事很正常；不完美又何妨，不完美说明我们是个真实的、有血有肉的人。

要素三，在意识上，你要看见自己的痛苦。可能从小到大，你的痛苦没有被父亲看见，母亲也未必完全看见。但这没有关系，你还有自己，因为我们始终和自己在一起。当你看到并承认自己的痛苦的那一刻，它就会和你的意识分离，你也就不再那么痛苦了。

第四步：通过冥想，释放情绪。

冥想是一种强大的工具，可以帮助你放松身心，同时也是一种有效的处理和释放深层情绪的途径。

通过冥想，你可以帮助自己释放那些长期以来束缚着你的负面情绪。随着时间的推移，这样的练习也将帮助你建立更强的自我意识，并且使你逐渐减少对外部认可的依赖，让你能够更加自由地活在当下，做到"**在自己的世界里独善其身，在他人的世界里顺其自然**"。

03　最后的话

人生的意义不仅在于取得多少成就，更在于我们如何对待自己。

当你放弃在他人（尤其父亲）面前自证，你会发现，原来真正的幸福来自对自己深深的爱与接纳。一段广为流传的格言如此写道："当我开始真正爱自己，我不再继续沉溺于过去，也不再为明天而忧虑。现在，我只活在一切正在发生的这一刻。今天，此时此地，我活在此时此地，并如此这般地活在这一刻。"

发生代际创伤传承，怎么办

婷婷最近突然意识到，自己与父亲的行事风格越来越像。

那是一个周末的傍晚，她在厨房准备晚餐，需要使用一把削皮刀，但她怎么也找不到它。这把刀平时都放在水池右侧的固定位置，这是她多次向家人强调过的。然而此刻，尽管她已经翻遍了厨房里的每一个抽屉，仍然不见其踪影。搜寻无果，婷婷心中的怒火也在悄然滋长，她开始在心中责备老公和孩子的坏习惯。

她走进客厅，准备指责正在看电视的老公和孩子时，目光不经意间扫过茶几，竟意外发现了那把失踪的刀安静地躺在那里，旁边还有一小盘削下来的苹果皮。原来是她自己下午用它削苹果后随手放在了那里，忘记放回去了。

这一刻，婷婷感到一阵后怕，幸好刚才没有冲动地责怪老公和孩子。但更令她震惊的是，自己的这一系列行为和情绪反应竟然与记忆中父亲的行事风格极为相似。小时候，每当家里的东西找不到，父亲总是第一时间将怒气发泄在家人身上，而现在，她似乎也在不知不觉中重蹈覆辙。

意识到这一点后，婷婷陷入了沉思。她深知，这很可能是代际创伤传承，如果不及时调整自己的心态和行为模式，未来她可能会对最亲近的人造成伤害。

01 代际创伤传承

代际创伤传承，也被称为跨代创伤传承，是指创伤的影响不仅停留在最初经历者身上，还通过各种方式传递给后代。例如，在婷婷的成长过程中，父亲的暴躁和控制欲给她留下了深刻的印象。每当家里有什么不对劲，父亲总是第一个发火，并把责任推给别人。这种行为模式深深地印在了婷婷的心中，不自觉地成为她处理问题的一种默认方式。现在，她发现自己在面对类似情况时，也会不自觉地愤怒并指责别人，这让她非常不安。

而且，代际创伤传承不仅是简单的模仿，还是一种深层次的心理和情感传递。即使婷婷有意避免像父亲那样对待家人，但在某些特定的情境下，她仍然会不由自主地重复那些熟悉的行为模式。

可是，这种代际创伤怎么会传承呢？主要有 3 个原因。

第一，家庭环境的影响。家庭是孩子最早接触的社会环境，父母的行为模式、情感表达方式以及处理冲突的方法都会对孩子产生深远的影响。在婷婷的家庭中，父亲的暴躁是一种常态，这让她从小就学会了用愤怒来应对挫折和不满。这种行为模式在她的潜意识中根深蒂固，以至于她在成年后遇到类似情境时，也会不自觉地模仿父亲的反应。

第二，情感依附。孩子在成长过程中会形成对父母的情感依附，这种依附不仅包括从父母那里获得爱和安全感，也包括对父母行为模式的认同和内化。因此，即使父亲的行为模式有问题，婷婷仍然会不自觉地认同和模仿它。这使得她在面对压力和挑战时，容易采用与父亲相似的应对策略。

第三，未解决的心理创伤。如果人们在自己的童年时期经历了严重的心理创伤，而这些创伤未得到妥善处理，他们可能会在不知不觉中将这些心理创伤传递给下一代。婷婷的父亲可能也有自己的心理创伤，这些未解决的心理创伤影响了他的行为，进而影响了婷婷。

02 如何中断代际创伤传承

关于中断代际创伤传承，网上有一个著名的视频。视频中，从左往右摆着编号为 1~4 号的 4 个杯子。1 号杯子代表你的祖辈，2 号杯子代表你的父辈，3 号杯子代表你自己，4 号杯子代表你的下一代。

起初，1号杯子中盛满了黑色的液体，这象征着祖辈经历的创伤。尽管2号杯子中本身有半杯清水，但当1号杯子的黑色液体倒进2号杯子后，原本清澈的水迅速被染黑，这代表父辈在成长过程中受到了祖辈创伤的影响。同样，3号杯子中也有半杯清水，当2号杯子中的黑色液体倒入3号杯子时，3号杯子中的水也开始变黑，这表明你也在不知不觉中受到了父辈创伤的影响。

但从3号杯子开始，发生了不一样的变化。尽管3号杯子里有许多污浊的黑水，但有人接连往其中倒入了两大杯清水。随着每一大杯清水的倒入，3号杯子中的水变得越来越清澈，最后几乎恢复了透明。这一过程象征着个人通过积极进行自我疗愈和改变，逐步摆脱代际创伤的影响。此时，将3号杯子中的水倒给象征下一代的4号杯子，能得到一杯清澈的水。

不过，关键的问题来了，在现实生活中，你要去哪儿找这两大杯清水呢？事实上，这两大杯清水分别代表着两类行动。

行动一：自我疗愈

你需要先进行自我疗愈。这意味着你要面对和处理自己内心的创伤。你可以多读心理自助类的书，践行书里系统、有效的方法，从而识别和处理内心的创伤。比如《不强势的勇气：如何控制你的控制欲》就是一本能让你在家庭育儿场景中不用情绪、用好策略的自助手册。这类书有很多，阅读它们是性价比极高的自我疗愈方法。

此外，自我反思也十分关键。通过写日记、冥想等方式，深入探索自己的内心世界，了解自己的情绪和行为背后的原因。定期进行自我反思可以帮助你发现潜在的思维和行为模式，从而帮助你调整不健康的思维和行为模式。当你感到愤怒或不满时，试着先停下来深呼吸，冷静思考一下真正的原因，然后可以通过冥想、练习瑜伽或其他放松技巧来帮助自己保持平和的心态。

行动二：亲密关系疗愈

亲密关系是你人生旅途中最重要的支柱之一。一段健康、支持性的亲密关系不仅能为你提供情感上的慰藉，还能使你在面对困难时更有力量。一个深受暴君式父亲影响的女儿曾坦言，**她的老公很关键**，很多时候，当她陷入负面情绪时，她老公的一句话就能将她治愈，使她醒悟。

那如何才能实现这种亲密关系疗愈呢？你需要做到以下3点。

第一，开放沟通

与伴侣建立开放、诚实的沟通渠道，不要害怕表达自己的感受和需求，通过有效的沟通，你们可以更好地理解彼此，减少误会和冲突。当婷婷感到愤怒或不安时，她可以尝试告诉丈夫："我现在感觉有点烦躁，可能是因为想起了小时候的一些事情。" 这样的表达不仅能帮助丈夫理解她的情绪，也能让婷婷获得支持和理解。

第二，积极倾听

学会倾听伴侣的感受和需求，而不是立即做出反应。这有助于建立更加健康的人际关系，减少冲突。当伴侣表达不满或担忧时，尽量保持冷静，理解他的立场。例如，当婷婷的丈夫抱怨家务分配不公时，她可以先放下防御心理，认真听他说完，然后共同讨论解决方案，而不是立即反驳或辩解。

第三，解决问题导向

面对家庭中的问题时，尽量采取合作而不是指责或逃避的态度。通过与伴侣共同讨论和寻找解决方案，你们可以一起克服困难，增进相互间的信任和默契。比如，当家庭出现财务问题时，婷婷和丈夫可以坐下来一起制订预算计划，分工合作，共同应对。这种合作的态度不仅能解决问题，还能加深彼此的感情。

通过这些努力，像婷婷这样发生代际创伤传承的人可以与伴侣结成同盟，从而逐步摆脱父亲的影响，成为一个更加理性和包容的人。

03 最后的话

代际创伤传承虽然难以避免，但通过自我疗愈和积极应对，我们完全可以中断这种传承，为自己和下一代创造更加美好的未来。最终，我们不仅能够让自己走出创伤的阴影，还能确保孩子在健康、和谐的环境中茁壮成长。

总是下意识地和父亲对抗，怎么办

若林坐在咖啡馆的角落里，眼神空洞地盯着窗外的行人。30 岁的她本应有明确的人生规划，但她却感到前所未有的迷茫与无助。

5 年前，在父亲的推荐下，她进入了父亲朋友开的一家外贸公司工作，尽管她对这份工作毫无兴趣，但为了不让父母失望，她硬着头皮在那里工作了 5 年。然而，5 年来她失眠不断，大病小病接踵而至，而且内心深处的不满和对抗情绪从未消失，最终促使她选择了辞职。此后，她试图寻找新的工作机会，却屡屡碰壁。

01　对抗的本质

若林并不一定是真的不喜欢这份工作，只是由于这份工作是父亲推荐的，她潜意识里存在着对父亲的抵触情绪，所以才"对这份工作毫无兴趣"。例如，若林之所以频繁失眠、生病，很可能是因为她在潜意识中利用这些症状来逃避工作，进而间接对抗父亲的期望。她害怕成功，因为成功意味着父亲是对的，并且她还不得不面对更多来自父亲的期待和压力；她也害怕失败，因为失败会让她对自己的评价降低。是的，正是这种对抗感塑造了今天的若林。

那么，对抗的本质是什么？是对于权力的争夺。对于权力的争夺在一个人很小的时候就开始了。孩子在成长过程中，逐渐意识到自己与父母之间的权力不对等。暴君式父亲作为家庭中的权威人物，代表着规则和限制；而像若林一样的孩子则渴望自由和自主。这种权力的不对等使得孩子在潜意识中种下了对抗的种子。

对于若林而言，父亲的严厉和控制让她从小就感受到了权力的不对等。她渴望获得独立和自由，但父亲却让她感到束缚和压抑。因此，她通过各种方式来表达自己的不满，比如故意表现得对工作不感兴趣、频繁生病和失眠，以此来对抗父亲的控制。

这种对抗不仅是对父亲个人的反感，更是对权力结构的反抗。若林希望通过这些行为告诉父亲："我不是你的傀儡，我有自己的想法和选择。"然而，这种对抗不仅没有解决问题，反而让她陷入了更深的困境。她失去了工作，失眠和生病也严重影响了她的生活质量。

更何况，经济基础决定上层建筑，当失去收入来源后，若林在家里的地位只会越来越低。加上在她父亲眼中，30 岁应该早已成家立业，而若林却仍然单身且失业，这无疑加剧了父亲对她的不满。这种情况下，若林的自尊心受到了极大的打击，她感到更加无助和绝望。

02　如何破局

如果你是若林，你会怎么做？

我的答案是："从哪里跌倒，就从哪里爬起来。"**由于对抗的模式引发了今天的结果，那就试着放下对抗，以当下为起点，重新出发。**

这个过程分为 3 步，它们分别是：**重塑价值观、盘点资源和步步为营。**

第一步：重塑价值观

什么是价值观？价值观是基于人的一定思维的对事物的认知、理解、判断或抉择。通俗来讲，价值观就是对你来说什么重要，什么更重要。

5 年的对抗，让若林"收获"了现状。因此，至少从短期来看，对抗与否并不重要，因为目前的若林并没有资源与父亲持续对抗，她眼下更需要做的是利用"现实的窘境"，说服自己先放下对抗，放下对权力的争夺，运用顺从父亲的策略，来获得父亲手上的资源。

第二步：盘点资源

除了父亲的资源，若林还要盘点自己有什么资源，可以列出自己已经掌握的技能和特长，这些都是宝贵的财富。另外，她还要找到自己真正感兴趣的领域，这些领域可以成为她新的发展方向。

尽管父亲推荐的工作未必是她喜欢的，但至少可以让她先获得一份稳定的收入；至于她自己喜欢的东西，则可以利用业余时间徐徐图之。

我自己就是很好的例子。大学毕业的时候，我的父亲想让我进入国内最大的芯片生产企业工作，一开始我不愿意去，他就联合我的母亲给我做了大量思想工作。

很显然，这份工作我并不擅长，更不喜欢，收入也很一般，加上经常要上夜班，如果生产线上有操作人员犯了错，作为生产主管的我要立刻写报告、做汇报，时常第二天中午才能回到家睡觉。这导致我身体虚弱，隔三岔五就要去医院报到。

对于这份我并不喜爱的生产型工作，我就这样干了10年。然而，也正是在第10年的时候，我发现自己喜欢写作，于是开设了公众号，写了多篇文章，其中有一些文章被平台编辑推荐到首页，我也因此收到了出版社的写书邀约。

第三步：步步为营

于是，对我而言，这一切的努力终于结出了果实——我的第一部作品问世了。尽管最初的几本书并未立即获得市场的广泛认可，收益也颇为有限，但它们成了我后续创作的基石。随着第一本书的成功出版，第二本、第三本乃至第四本书的出版渐渐变得顺畅起来。

特别是 2020 年，我的第四本书《熵增定律：一切问题的底层规律》一举成名，销量突破 10 万册，这一成就如同一道光束照亮了我的职业生涯。从此，写书邀请络绎不绝。凭借作家的新身份，我得以从原先不甚热衷的芯片制造业，跳槽到互联网领域的独角兽企业喜马拉雅。在那里，我不仅负责线下读书会的策划与运营，还逐渐晋升为多个产品线的负责人。

随着时间的推移，我的职业生涯也迎来了转折点。至今我已经出版了 10 多部著作，其中《不强势的勇气：如何控制你的控制欲》销量更是超过了 20 万册。如今，我获得的版税收入早已超越了以往工作的薪酬。现在的我是一名全职作家，享受着自由职业者的灵活生活方式，可以在自己喜爱的地方工作，成了一名真正的"数字游民"。

对于若林而言，这样的转变同样可以实现。**通过采取"以时间换空间"的策略，若林完全可以逐步探索自己热爱的领**

域，达成一个个小目标，步步为营地建立起自己的事业根基。

一旦她在经济上实现了完全的独立，甚至超越父亲的成就，她不仅会拥有更多选择的权利，也会具备更强大的心理力量去与父亲达成和解。这样的过程不仅是个人成长的体现，也是心灵解放的必经之路。

03　最后的话

生活往往充满了不如意，我们会面临不同的挑战与困境，关键在于如何面对这些挑战，如何在困境中找到出路。有时候，我们需要暂时放下内心的对抗，这不是妥协，而是为了积蓄力量，从而找到正确的道路。

在这个过程中，最重要的是保持清晰的自我认知，知道自己的价值所在，同时也要接受来自外界的帮助和支持。当我们学会如何利用现有的资源，如何一步步向前迈进，我们就能够慢慢地走出阴霾，迎接属于自己的阳光。

所以，下面这段话送给若林，也送给正在经历困难、被暴君式父亲压制的你。

不要迷茫，不要慌张，太阳下山，还有月光。不要害怕眼前的黑暗，勇敢地迈出第一步，未来有无限可能在等待着你。

第五章

工具

心理自助工具箱

情绪急救工具

由于从小与暴君式父亲相处，我们在某些方面可能会显得很敏感，也可能会比普通孩子更难以掌控某些负面情绪。不过即便如此，当负面情绪向你袭来时，你仍然可以通过使用有效的工具来进行急救，以防止情况进一步恶化。

本节，我将为你介绍 3 种有效应对不同负面情绪的工具，希望能为你提供一定的帮助和支持，让你在面对困难时迅速找到解决之道。

01　内疚感急救

第一种情绪是内疚感。在我们童年时，父亲的指责和批评往往在无意间（或有意地）实施了一种"内疚式教育"。这种教育方式可能让我们从小就学会了自我责备，**尤其对于讨好型孩子来说**，成年后，当遇到类似情境时，他们内心深处的那份内疚感依然会被轻易触发。

内疚感虽然不像某些极端负面情绪那样猛烈，它往往潜移默化地影响着我们，但这种感觉其实提醒着我们，我们没有达到某些标准。比如，你因为工作特别忙碌，已经连续好几个月没有回家看望家人了。这时，你的父亲可能会说："你看看，你有多久没回来了？你心里还有这个家吗？"这样的话很容易激发你的内疚感，让你开始怀疑自己的行为是否真的有错。

此时，你该如何应对呢？**有一个专门用来缓解内疚感的工具，我将其称为 AERA 工具。**下面是使用它的具体步骤。

第一步，A——Acknowledge Mistake（**承认错误**）。坦诚地承认你由于工作繁忙而忽视了家人，不要试图为自己找借口或推卸责任。例如，你可以说："爸爸，我意识到我已经有好几个月没有回家了，你和妈妈一定很想我，我对此感到非常抱歉。"

第二步，E——Express Apology（**表达歉意**）。用真诚的语言表达你的歉意，让对方感受到你是真心实意的。例如，你可以说："我真的非常抱歉，我没有意识到这段时间的忙碌会让你和妈妈感到被忽视。"

第三步，R——Remedy the Situation（**补救措施**）。如果可以，提出具体的补救措施，表明你愿意承担责任。例如，你可以说："从现在开始，我会每个季度回家一次，保证不会让你们再有这样的感觉。"

第四步，A——Ask for Forgiveness（请求原谅）。真诚地请求对方的原谅，但也要做好对方可能需要时间来接受的准备。例如，你可以说："我希望你能原谅我，虽然我知道这可能需要时间。"

借助 AERA 工具，你可以非常诚恳地道歉，同时，你的内疚感也会显著减少。

02 失败感急救

第二种情绪是失败感。失败感是另一种高频出现的情绪，"躺平"型孩子尤其容易产生这种情绪。父亲过去的高期望和严厉批评早已在你的内心深处留下了烙印，加剧了你对失败的反应。因此，成年后的你比其他人更容易产生失败感。

失败感不同于内疚感，它更多地表现为一种无力感和精神萎靡。例如，当你在工作中接手了一个大项目，但由于种种原因，眼看就要无法完成考核目标了。这时，你的"内在父亲"可能就会说："你总是这样，每次遇到困难就没办法了，从来没有成功过。" 这样的话很容易让你感到自己一无是处，对未来没有信心，失去进一步行动的动力。

此时，**如果及时使用 LACE 工具，就有可能缓解失败感，**

从而帮助萎靡的你重建自信。

该工具的具体使用步骤如下。

第一步，L——List（列清单）。你可以列一张清单，写下所有与失败相关的要素，然后把它们划分为两部分：你能控制的和你不能控制的。例如，你能控制自己的努力程度、学习方法和态度，但不能控制他人的评价或市场的变化。

第二步，A——Attend to Controllable Elements（专注于可控要素）。专注于你能控制的要素，然后制订具体的行动计划，从而适应新出现的变量。

第三步，C——Concede Uncontrollable Elements（接受不可控要素）。有些事情是超出我们的控制范围的，接受这一点是很重要的。例如，你无法控制市场的需求变化。接受这些不可控的要素可以帮助你减少焦虑和压力。

第四步，E——Ease Off Unsolved Issues（放下无法解决的要素）。有时候，有些问题在当前的条件下是无法解决的。在这种情况下，暂时放下这些问题，把精力放在其他可以做出成绩的事情上。例如，如果你在某个项目上遇到了瓶颈，可以暂时换个任务，做一些你擅长且能快速完成的事情，这样可以使你增强自信心、提升积极性。

03 自卑感急救

第三种情绪是自卑感。自卑感往往与我们的原生家庭密切相关。在同样的压力环境下，他人能应对自如，自卑的人却可能感到困扰或受到伤害。

当你自卑时，可以使用 FAST 工具，它能够帮助你减小自我批评的声音，增强内心的力量与韧性，进而逐步建立起自信。通过使用 FAST 工具，你完全可以学会更加温柔地对待自己，认识到每个人都有不完美的地方，从而在面对困难和挑战时更加坚强和从容。

使用 FAST 工具的具体步骤如下。

第一步，F——Feel（感受自己的情绪）。当你自卑时，不要急于否定或压抑这种感受，而是要承认并接受它。例如，你可以说："我现在很自卑，这让我很难过。"

第二步，A——Affirm（用积极肯定的话语安慰自己）。想象一下，如果你的好朋友遇到了同样的问题，你会怎么安慰他们。没错，用同样的方式来安慰自己吧。比如，你可以对自己说："这很正常，每个人都会有这样的时候。我已经尽力了，不要苛责自己。"

第三步，S——Support（寻求支持力量）。回忆一下过去你成功克服困难的经历，提醒自己你有能力和资源应对当前的挑战。例如，你可以说："我之前也遇到过类似的困难，但我最后不也克服了吗？既然之前能成功，相信这次我也能做到。"

第四步，T——Tend（关注自我，进行自我关怀）。做一些让你感到舒适和放松的事情，如喝一杯热茶、听一段喜欢的音乐或进行一次短暂的散步。这些事情都能帮助你缓解负面情绪，让你从紧绷的状态中放松下来。

通过践行这4个步骤，你可以更好地进行自我同情，增强内心的韧性，恢复蓬勃的状态。

04　最后的话

在这个复杂多变的世界里，如果我们在暴君式父亲的影响下成长，可能会比普通人更容易面临各种各样的挑战和困境。然而，正是这些经历塑造了独一无二的我们。

面对外界的质疑、家庭的压力、"内在父亲"的批判，我们不仅需要勇气去直面它们，更需要称手的工具去化解它们。正确利用 AERA、LACE 和 FAST 这3个工具，相信你也可以在情绪的海洋中找到属于自己的灯塔，驶向更加平和与坚定的内心世界。

请相信，每个人的生命都是一段旅程，但这段旅程的价

值并不在于目的地，而在于沿途的风景和体验。因此，无论遇到什么困难，都请保持开放和乐观，勇敢地向前走，因为最美好的风景往往出现在最曲折的路上。

行为疗愈工具

我想问问你：根据你的经历，你认为愤怒给你带来的更多是正面的影响还是负面的影响？答案可能是多样的。

实际上，当我们调整对某件事情或某种行为的看法时，我们的认知也会随之发生变化，而这种变化后的认知往往能够起到积极的疗愈作用。

这一节我想和你分享的行为疗愈工具是"表达愤怒"。

01 表达愤怒

没想到吧，表达愤怒竟然是一种行为疗愈工具。

确实，乍一听，愤怒似乎与疗愈相去甚远。愤怒常常被视为一种消极的情绪，甚至是一种需要避免或控制的情绪。然而，从心理学的角度来看，所有情绪都有其存在的意义，包括愤怒。愤怒是一种强烈的情感反应，它通常是对不公正、伤害或个人边界被侵犯的一种自然回应。但很多人其实从小到大都在压抑自己的愤怒。在压抑愤怒的过程中，所有在童年时遭受的恐吓、羞辱、被忽视就会逐渐积累，最终可能会以怨恨的形式呈现，这些怨恨埋藏在我们的心里，但它们会时不时跑出来，从而使我们消耗大量心理能量。

而且，压抑愤怒会变成一种习惯，当我们在受到攻击、委屈的时候，这种习惯会进一步蚕食我们的内心，让我们内耗。所以，我们需要学会使用表达愤怒这种行为疗愈工具来疗愈自己。

具体要怎么做呢？请记住这句话：**不是愤怒地表达，而是表达你的愤怒。**

什么是愤怒地表达？愤怒地表达往往是指一种失控状态下的情绪爆发，这种表达方式通常是冲动的、缺乏思考的，并且可能伴随着言语攻击或身体攻击。这种方式虽然可以暂时缓解情绪压力，但从长期来看，它可能会损害人际关系，引发更多矛盾和冲突，最终反而会加剧你内心的痛苦。

什么是表达你的愤怒？它是一种更为健康和有效的方式，强调的是有意识地、冷静地表达自己的感受和需求，而不是通过攻击性的言语或行为来发泄情绪。这种方式的核心在于沟通，即向对方清晰地传达自己的不满及其原因，同时也要尊重对方的感受和立场。

02　表达愤怒"五部曲"

表达愤怒具体践行起来并不复杂，彭凯平把表达愤怒的过程归纳为"五部曲"，即**分散注意、厘清思绪、表达愤怒、提出解决方案和给自己一粒后悔药**。

第一步，分散注意。当你感受到愤怒的情绪出现时，给自己一点时间和空间，让情绪稍微冷却一下。这是因为当我们处于高度情绪化的状态时，大脑负责理性的部分会被情绪中心压制，我们很难做出理智的判断。因此，采取一些措施来转移注意力是非常必要的，比如深呼吸、短暂离开现场或者做些别的事情。

第二步，厘清思绪。当情绪逐渐平息后，就需要花时间思考一下，究竟是什么触发了你的愤怒，以及让你愤怒的真实原因是什么。这个过程有助于你更准确地定位问题，为后续的有效沟通打下基础。

第三步与第四步，即表达愤怒与提出解决方案。在厘清思绪之后，你可以以一种既表达愤怒又提出解决方案的方式来进行沟通。

这两步尤为关键，因为许多人往往因恐惧而抑制自己的愤怒。然而，你应该允许自己以一种经过设计且结构化的方式来表达内心的愤怒，同时明确地向对方表明自己的界限。这样做不仅有助于保护你的情感，还能促进双方之间的理解和合作，使双方可以共同寻找解决问题的方法。

具体该怎么表达愤怒呢？还记得我之前讲过的非暴力沟

通策略吗？

你只需要有逻辑地按照以下 3 步来表达就可以了：**说事实、说感受、说请求**。

举个例子，父亲在没有经过你同意的情况下，就把你的快递拆了，这让你感到非常愤怒和不被尊重。于是，你在一个周六的下午，家里只有你和父亲时，邀请父亲坐下来谈一谈。

说事实。你可以这样说："爸爸，我想和您谈谈最近发生的一件事情。上周，我发现您在没有经过我同意的情况下拆开了我的快递。"

说感受。你可以这样说："当时我非常震惊和愤怒。因为那一刻，我感到不被尊重，我的私人空间和隐私被侵犯了，这种感觉让我非常不舒服。"

此时，父亲可能会很惊讶："我只是好奇里面是什么，没想到会让你这么生气。"

接下来，就是**说请求**了。你可以这样说："我理解您的好奇心，但请您理解我的感受。每个人都有自己的隐私和个人空间。我希望您能更多地考虑我的感受，这样我会感到被尊重。"

你看，通过一次非暴力沟通，你不仅有效地表达了自己压抑在心底的愤怒，还提出了具体的解决方案，为防止类似问题的再次发生提供了保障。更重要的是，如果这是你第一次向父亲表达愤怒，那么这次沟通可能会帮助你们开启一种全新的相处模式。

第五步，给自己一粒后悔药。你可能以为到第四步就结束了，其实不然。根据詹姆斯·格罗斯的研究，如果你能把整个过程重新感受一遍，就可以做到"吃一堑，长一智"，为下一次更好地表达愤怒积累经验。

彭凯平把这个步骤命名为"给自己一粒后悔药"。因为你在践行前4步的时候可能或多或少存在一些失误，以至于事后并没有获得预期的效果。但这其实没什么不好的，就像彭凯平说的那样："**承认自己当时的不完美，接受教训，不苛责自己，总结复盘，下次做得更好。**"

03 最后的话

暴君式父亲的每一声厉喝、每一次不公平的对待都像是锋利的刀伤害着你稚嫩的心灵。然而，正是这些挑战引导你发现了愤怒的另一种作用——它不仅是对抗不公的有力武器，更是帮助你自我觉醒与疗愈的关键。

通过学习表达愤怒这一行为疗愈工具的使用方法，你能学会如何在不失控的情况下有意识地、冷静地表达自己的感受和需求，还能学会如何与那些曾给你带来伤害的人和事保持合理的距离。

当你学会了如何更好地表达愤怒后，再次回望那段艰难岁月，心中涌动的将不再是怨恨，而是对自己的敬意。**愤怒，曾经是你生命中不可承受之重，而现在，它将成为你最宝贵的财富之一，提醒着你：要勇敢地站出来，为自己发声。**

社会滋养工具

在面对暴君式父亲带来的心理创伤时，个体的力量有时显得微不足道。此时，社会的力量可以为个体提供支持。社会滋养工具不仅能为个体提供情感支持，还能帮助个体在社会环境中重建自信与自我价值感。以下是 3 种有效的社会滋养工具，它们能在较长时间内帮助你实现心理自助。

01　第一种工具：社群阅读疗法

社群阅读疗法是一种通过共同阅读心理自助书籍并讨论来促进心理健康的方法。参与者通常会在一个社群中进行交流和分享，这种方法不受空间阻碍，参与者不仅能够随时随地获得情感上的支持，还能在认知和行为层面上实现积极的改变。通常来说，社群阅读疗法有三大好处。

好处一：相互支持。参与者在现实生活中谁都不认识谁，因此大家实际上处于一个相对安全、无熟人评判的虚拟空间，可以自由地说出自己的感受和经历。这种共情体验对于那些曾遭受过暴君式父亲伤害的人来说尤为重要。通过共读一些心理自助、个人成长类的书籍，参与者可以了解到其他人是如何应对类似问题的，从而减轻孤独感和无助感。这让参与者可以相互支持。比如，有一段时间，我的社群里有一个叫作七七的伙伴，她说自己最近做什么事情都没劲。我查了资料后，告诉她这种症状其实是"萎靡"，同时还写了一篇有针对性的文章发到群里。其他人看了这篇文章后也分享了自己的经历，七七看到我们把她的情绪"接住了"，表示很感动。两周后，七七告诉大家，她已经像我那篇文章里写的那样，从"萎靡"走向了"蓬勃"。

好处二：转变认知。暴君式父亲的负面影响常常会导致个体陷入强烈的羞耻感和自我责备之中。他们可能会认为自己不够好，或者认为是自己的过错导致家庭成员间的关系紧张。通过阅读心理自助与个人成长类书籍，参与者可以逐渐认识到，这些问题往往源于外部环境而非自身缺陷。书中提供的科学观点和案例分析能帮助他们重新评估自己的价值，减少自我责备，并开始接受自己。这种认知上的转变是疗愈过程中重要的一步。

好处三：科学有效。心理自助与个人成长类书籍通常包含丰富的心理学知识和实用技巧。通过一起阅读这类书籍和讨论相关内容，参与者可以受到启发，获得新的视角。例如，某本书可能介绍了如何建立边界，如何处理负面情绪，或者如何向上沟通。这些新的思考方式可以帮助参与者更好地理解自己和他人，从而在现实生活中做出更明智的选择。另外，参与者还可以学到具体的技巧，并在实践中逐步应用它们，从而增强自己的心理韧性。

如果你对社群阅读疗法感兴趣，可以关注我的公众号"何圣君"，回复关键词"共读"。我会邀请你进入我的深度思考群，每天共读好书。

02　第二种工具：社交宣泄

社交宣泄是指在自己信任的社交关系网络中表达自己的情绪和想法。这不仅是一种情绪释放方式，更能让我们收获情感上的支持和理解。为什么要进行社交宣泄呢？主要有两个原因。

第一，它能实现情绪的表达与释放。社交宣泄就好比使一根绷了很久的橡皮筋松弛的过程。我们知道，在暴君式父亲的影响下长大的孩子会累积一系列情绪，如愤怒、悲伤、恐惧、羞耻等。如果对这些情绪放任不管，会导致严重的心理问题。而通过社交宣泄，我们可以释放这些情绪，这有助于减轻心理负担，同时促进情绪的恢复和平衡。

第二，及时的安慰与建议。在社交宣泄的过程中，他人提供的及时的安慰与建议也很关键。当表达自己的感受时，我们不仅希望自己的表达被看见，更期待获得当面的、及时的反馈，这就是线上社群无法提供的了。在线下，你与朋友能够给予彼此及时的安慰与支持，帮助彼此看到问题的不同方面，提供可靠的建议或相应的解决方案。这种及时的互动能够立刻减轻当下的情绪困扰，并且增强我们应对未来挑战的信心和能力。

具体要怎么做呢？很简单。首先，选择几个可以信赖的朋友，确保这些人能够提供无条件的支持和理解。接着，设定固定的时间，如每半年或每个季度与这些朋友进行一次线下交流，分享彼此的近况。在交流中，真诚地表达自己的感受和想法，无论是积极的还是消极的。**不要害怕展示自己的脆弱，但请注意，不要炫耀。**在表达自己的同时，也要倾听他人的感受和建议。这有助于你们获得更深层次的理解和支持。

03 第三种工具：集体冥想

集体冥想是一种能够帮助我们放松身心、缓解压力的心理技术。你可能长期处于紧张和焦虑的状态，通过定期参加集体冥想，你将获得以下 3 种益处。

益处一：缓解心理压力。 集体冥想会提供一个安静的空间，让你暂时远离外界的干扰，专注于当下的呼吸和平静。这种专注有助于缓解紧张，让你的身心放松。通过冥想，你可以学会如何放松与专注，回归内在的宁静，从而缓解心理压力。

益处二：学会保持平和。 集体冥想不仅能帮助你短暂放松，还可以教会你如何在日常生活中保持平和。通过定期参加集体冥想活动，你可以逐渐掌握一些基本的冥想技巧，如深呼吸、观呼吸、身体扫描等。这些技巧可以在日常生活中的任何时候使用，帮助你在面对压力和挑战时保持冷静和理智。比如，当你感到愤怒或焦虑时，可以通过深呼吸来平复情绪，从而避免做出冲动的行为。

益处三：与他人形成深层次的连接并获得支持。 集体冥想是一个建立深层次连接的过程。在冥想过程中，你与其他参与者虽然各自独立，但共同的目标和氛围会让你们之间产生无形的连接。这种连接能让你产生归属感，最终让你获得来自他人的支持和力量。

国内目前有不少带着大家进行集体冥想的老师，而且可以通过移动互联网搜索到他们的课程，非常方便。你不妨先试听多位老师的课程，然后挑选一位你最满意的老师，跟随他训练。

04　最后的话

在这段自我疗愈的旅程中，社会滋养工具如同沙漠中的绿洲，为干涸的心灵带来希望，并让我们重整旗鼓，向着更加坚强与完整的自我迈进。请记得，寻求帮助是一种智慧，它让我们意识到，即使是在最艰难的时刻，我们依然能获得支持与关爱。愿每个旅人都能找到那份力量，迎接生命中每一个新的可能。

第六章

掌控

内部掌控，外部影响

沉浸式做自己，做得不是很好也没关系

有一句话我一直很喜欢，那就是："沉浸式做自己，做得不是很好也没关系。"它提醒我们，人生是一场体验，而不是一场表演。无论是我们的父亲，还是我们在现实生活中遇到的权威，甚至是我们内在批判的声音，都不该左右我们的情绪、决策和行动。所以，唯有削弱他／它们的影响，你才能真正做到"内部掌控"，从而在客观上"沉浸式做自己"。具体来说，你可以逐步削弱3种影响。

01 削弱父亲的影响

通常来说，父母对孩子的影响很大。尤其是暴君式父亲，他仿佛是一个音量开到最大的喇叭，你们只要有联系，你就很难忽略他的看法。

有一位女士，30多岁，尽管不和父亲住在一起，但她的父亲控制欲极强，经常给她发微信消息，让她给某个亲戚的朋友圈点个赞，让她在"相亲相爱一家人"的群里发表情包，等等。最让她受不了的是，父亲有时候还让她点开长辈们发在群里的砍价链接帮他们"砍一刀"。虽然这个动作花费不了多少工夫，但"砍"了吧，她过不了自己心里的坎；"不砍"吧，父亲还会给她打电话，干扰她的正常工作，怎么办？

这时候，她就可以用上我之前讲的策略了。

策略一：设定边界。 她不用把这些烦恼憋在心里，而是可以和父亲说："爸，我明白您希望我们一家人和和气气的，但我也有自己的工作和生活。群里那些砍价链接，我真的没那么多精力去点开，希望您能理解我的难处。"

这样的沟通方式既表达了对父亲的理解和尊重，也明确了自己的边界，可以让自己的生活不受干扰。同时，这样做也能帮助父亲逐渐认识到，成年的孩子与父母之间是存在界限的，孩子有权决定如何分配自己的时间和精力。

当然，不少父亲就是缺少这种边界感，他可能会觉得："不就是让你点一下吗，这有什么难的？"这时又该怎么办呢？没关系，还可以考虑使用第二种策略。

策略二：合理释放攻击性。 这位女士可以和父亲说："爸爸，我理解您希望我们一家人能够和谐相处，但我也有自己的事情要忙，这些小事让我感到压力很大。如果长辈们真的需要我帮忙，可以在群里发个小红包，表达一下他们的诚意，这样别说是我，其他人也会更有动力去帮忙。"

此时，父亲可能会更不开心，但事实上，她也只是"以彼之道，还施彼身"。对方提了一个不太合理的要求，她也回以一个不太合理的解决方案。这样做的目的并不是真的要让长辈们发红包，而是希望通过这种方式捍卫她作为一个成年人的独立性和自主权。通过这样直接但礼貌的表达，她不仅可以明确自己的边界，还可以让父亲以后别轻易让她做她不喜欢做的事情。

02 削弱权威的影响

除了直接来自父亲的影响，你从小养成的习惯还可能会让你更容易受到权威的影响。那如何才能削弱权威的影响呢？我给你分享一种方法：**学会祛魅**。

学会祛魅，就是要去除权威身上的神秘光环，让他们回归普通人的身份。很多时候，权威之所以有如此大的影响力，是因为我们赋予了他们过多的光环。学会祛魅，可以帮助你更加理性地看待权威，从而减少他们对你的负面影响。比如，你在工作中遇到了一个强势的上司，他总是要求你按照他的方式做事。你虽然觉得有些方法可能不妥，但因为害怕遭到批评而不敢提出异议。这时，你可以提醒自己，上司也有自己的不足和盲点，他的方法不一定是最优解。更何况，你手头的一手信息比他掌握的还要多。如果你能鼓起勇气，有逻辑地以上司不清楚的一手信息为依据来说服他，说不定这个强势的上司还会欣赏你。

03　削弱"内在父亲"的影响

前两种影响都是外在的，第三种影响是内在的，也是最不容易削弱的。因为"内在父亲"已经深入了你的潜意识，一遇到某些特定场景，它就会出来批判你。

很典型的一种"内在父亲"的批判是对于自己笨拙的批判。比如，你洗好碗，刚想把干净的碗放进碗柜中，但一不小心把碗掉在地上摔碎了。这时，如果你的潜意识里住着一个"内在父亲"，它的声音就会立即响起："你怎么这么笨！连个碗都拿不好！"这样的自我批判不仅毫无建设性，而且会让你感到沮丧，甚至可能让你在未来类似的情境中也变得紧张和不安。

还有一种典型的"内在父亲"的批判是对于不完美的批判。例如，当你打算撰写一篇文章时，过分追求完美的心态可能导致你每写一句都要反复斟酌和修改，这样一来，尽管投入了大量的时间，但实际进展却异常缓慢。此时，"内在父亲"的声音往往会悄然而至："看看你，写得这么慢，写出的东西也不过如此。" 这样的自我批判不仅会加剧你的焦虑和挫败感，还可能让你花费了很多时间却没有获得什么实质性成果。

那该怎么办呢？给你分享我自己用起来非常管用的两句话。

第一句话："只要做事，就会犯错，这是正常的。"

犯错是不可避免的，毕竟人无完人。然而，从另一个角度考虑，只要我们去做，就有机会做对，而且随着实践次数的增加，成功的概率也会相应提升。因此，我们应该将更多的注意力集中在那些做对的事情上。举个例子，假设你洗了100次碗，其中有99次都顺利完成。当你关注这些成功经历时，就会意识到自己绝大多数时候的表现都是优秀的。这种正面的反馈能够帮助你增强自信，削弱因偶尔失误带来的负面影响。

换句话说，生活中难免会有不如意的时候，但你可以通过关注自己的成功经历来调整心态，看到自己的进步和价值。这样一来，即使面对挑战，你也能保持积极向上的心态，继续前进。

第二句话："长期高标准，短期低要求。"

这句话是什么意思呢？就是你可以在一段很长的时间里给自己定一个很高的目标；但在短期内，你可以"松松垮垮"

地做自己，只要每天向目标靠近一点点就可以了。

以写作为例，我为自己设定了一个长期目标——撰写50本书。初次听到这个目标，或许会感觉遥不可及。但在短期内，我给自己设定的目标非常具体且易于达成：最初，我只要求自己每天写72个字，这样一周下来可以写大约500字。

重要的是你要认识到，人的能力会随着刻意练习的增多而逐步提升，这一过程并非直线式增长，而是波浪式上升的。刚开始时，我每天只能写72个字，但经过半年的持续练习，我每天已经能够写200字了。到了第3年，我的日均写作量达到了500字，灵感涌现时甚至能一口气写2000字。如今，我的最低日写作量稳定在2000字左右，而在状态极佳的日子里，我甚至可以完成1万字的写作量。

只要你能用这两句话去削弱"内在父亲"对你的影响，你就可以沉浸式做自己，哪怕现在没有很好也没关系。毕竟，**"路虽远，行则将至；事虽难，做则必成"**。

04　最后的话

人生就像一场马拉松，不在乎起点在哪里，原生家庭如何，重要的是能坚持跑下去。每个人的生活轨迹不同，面临的挑战各异，但我们都有权利和能力去寻找属于自己的节奏，活出真实的自我。

"沉浸式做自己，没有很好也没关系。"这不仅是对自己的一种宽容，也是对自己成长过程的一种接纳。**当我们面对父亲，学会了设定边界，合理释放攻击性；面对权威，学会了祛魅；面对"内在父亲"，学会了使用那两句话，温柔地对待自己，**那么，我们便能够更加从容地面对生活，活好每一天。

希望每个人都能在这条有策略地成为更好的自己的路上，找到属于自己的光芒。

活出从容的气质

你觉得什么样的状态才是从容的状态呢？我非常认同这样一句话："**真正的从容，不是没有波澜，而是心中有海。**"

从容是我们希望活出的一种气质，它不仅是一种外在的表现，更是内心深处的一种平和与坚定，是在任何情况下都能保持冷静、理性应对的能力。

想要达到从容的状态，对你我来说都是不容易的。毕竟，我们的起点要比一般家庭的孩子低一点，我们或者缺乏安全感，或者自尊受损，或者情绪压抑，成长的每一步都充满了不易，每一次尝试也都伴随着伤痛，但正是这些经历塑造了今天的你我。

在这种情况下，我们要如何才能以当下为起点，走到拥有从容状态的终点呢？我也曾对这个问题感到困惑，最终侯小强的一席话让我获得了答案，我把它们总结为3种"修行"。

01 第一种"修行"：视野的"修行"

在一座城市里，你站在 1 楼，看到的可能是一地鸡毛、鸡飞狗跳；站在 5 楼，看到的则是车水马龙、人间烟火；站在 10 楼，看到的则是万家灯火、城市轮廓。不同的高度带来的是不同的视角和心境。

所以，拓宽视野能在客观上帮助我们跳出日常琐碎的生活，去寻找更加广阔的天地。那么，具体应该如何拓宽视野呢？性价比最高的一种方式便是阅读。

关于阅读时，我给你 3 个建议。

首先，要广泛阅读。 观察那些卓越的人物，你会发现他们几乎都是"书虫"，如查理·芒格、沃伦·巴菲特、比尔·盖茨等。书是人类智慧的结晶，是历史教训与经验的浓缩。个人经历再丰富，也无法独自积累足够的社会经验和教训。因此，若想变得从容，每年至少应阅读 50 本书，以汲取前人的智慧，加速自身的成长。

其次，要学会高效阅读。 正如庄子所言："吾生也有涯，而知也无涯。以有涯随无涯，殆已！"时间有限，但知识无穷。利用互联网工具，了解书籍的精华部分，可以大大提升阅读效率；同时，通过刻意练习，提高速读能力，逐步实现一目十行，既能保证信息量的摄入，又不至于因时间消耗过多而感到疲惫。

最后，不应排斥畅销书。畅销书通常凝聚了较为新奇的见解与认知，反映了时代的潮流和大众的兴趣。一个乐于学习的人应该具备开放的心态，愿意接纳新知识，保持旺盛的好奇心和强烈的求知欲。这样即便岁月流逝，依然能保持年轻的心态，永葆学习的热情，成为时代中的"少年"。

02 第二种"修行"：心性的"修行"

心性"修行"的第一步是学会谦卑。在人际交往中，保持适度的谦卑至关重要。那些真正优秀的人往往不会轻易展示自己的全部实力。越是见多识广的人，越能展现出一种松弛与通达的态度，不争不辩，不刻意炫耀；反之，自视甚高、轻视他人的人，往往轻视一切，此时，祸虽未至，福已远行。

心性"修行"的第二步是学会感恩。感恩是一种能够迅速拉近人与人之间的距离、提升信任度的方式。当你表达感谢时，那些帮助过你的人会感到自己的付出有价值，这不仅提供了情感上的回报，还能让双方的关系进入良性循环，增强互动的正面效应。因此，学会感恩不仅对自己有利，也会惠及他人，能产生双赢的效果。

心性"修行"的第三步是练习打坐。打坐与冥想相似，但又超越了简单的冥想，它要求我们面对整个世界。打坐过程可大致分为 3 个阶段：首先是感恩，其次是反省，最后是发愿。

感恩：感谢今天遇见的人和发生的事。可效仿《小狗钱钱》中的方法，每天记录 3 件以上完成的任务，通过感恩的方式，将这些正面经历转化为自我效能感的一部分。这样做不仅能减轻焦虑，而且随着时间的推移，善意会带来更多的善意。

反省：对近期的行为进行复盘。关于复盘的具体步骤，在我的另一本书《熵减法则：万物生存的终极规则》中有详细的介绍，主要包括回顾目标、评估成果、分析原因、总结经验等环节，这里就不再展开了。

发愿：在这个阶段，将自己的愿望与他人的愿望联系起来。这是一种非常高明的处世之道，因为所有利益相关者的愿望一致，能够显著提高彼此共同成就事情的概率。

03 第三种"修行"：幸福的"修行"

活得从容从来不是为了显得你有多么松弛，而是为了追求更深层次的幸福。可以说，**从容与幸福就像是交织在一起的双螺旋，它们互为因果。**为了"修行"幸福，我们需要培养以下 3 种能力。

第一，保持内心平静的能力

"过往不念，当下不杂，未来不迎。"这句话深刻地揭示了内心平静的真谛。我们需要尽可能让自己的情绪保持在正常的波动范围内，努力做到处变不惊。这一点我深有体会，比如，在遇到令人不悦的人或事时，我常常提醒自己：

"不要用别人的错误来惩罚自己。

"生气和胸闷只是因为我还不够包容。

"学会放下，宽恕自己。"

这些话能帮助我保持内心平静，不受外界纷扰的影响。

第二，保持良好的人际关系的能力

你可以选择做到以下几点。

凡事留一线，日后好相见：对人宽容，感恩那些值得感谢的人，接近那些给你带来正能量的人，影响那些可以被你正面影响的人。

建立被讨厌的勇气：接受那些注定会错过的人和事，放下那些已经离开的人。

远离持续消耗你的人：识别并远离那些总是给你带来负能量的人，保护自己的心理空间。

第三，进化的能力

无论身处何境，都要保持对未来的希望和好奇心。具体来说，可以做到以下几点。

仰望星空，不畏阴沟：即使身处逆境，也要保持对美好事物的向往。

保持开放，拥抱变化：保持开放的心态，拥抱外界的变化，让外部的力量不断推动我们前进。

永远好奇，持续学习：对未来保持好奇心，不断学习新知识，拓宽自己的视野。

只有这样，我们才能持续进化，当量变积累到一定程度时，就会迎来质的飞跃——蜕变。

04　最后的话

通过这3种"修行"，你会发现自己的内心越来越强大，思绪也越来越清晰。你不再需要通过他人的评价来定义自己的价值，能够自信地走在自己的道路上，活出从容的气质。

愿你在人生的旅途中始终保持这份从容，无论遇到多少风雨，都能心怀希望、勇敢前行。

从今天开始，成为一个蓬勃的人

削弱了 3 种影响，你收获了真实的自我；通过 3 种"修行"，你活出了从容的气质。现在，你已经是一个拥有稳定内核，可以逐步做到"内部掌控"的人了。那么接下来，我希望你逐渐成为一个蓬勃的人。

什么是蓬勃？它不单单是一种元气满满、积极向上的劲头，更是一种游刃有余、在各个领域都能达到最佳状态的生活方式。

马丁·塞利格曼将蓬勃定义为一种全面的福祉，这种福祉不仅包括快乐的感受，还包括生活的意义、成就感以及与他人的良好关系。蓬勃的人能够积极面对挑战，保持乐观的态度，即使遇到困难也能迅速调整状态，恢复活力，继续前行。

那究竟如何才能成为一个蓬勃的人呢？你需要 3 颗"心"。

01　第一颗心：宽恕之心

你不要觉得我在本书的结尾抓住机会给你猛灌鸡汤，实际上，我是以非常理性的态度来谈论宽恕这件事的。

宽恕分为两种：一种是外在宽恕，另一种是内心宽恕。

所谓外在宽恕，是在行动上免除对他人的惩罚。这种免除很多时候是有条件的。例如，假设你的父亲至今仍然像一个一点就炸的火药桶，或者他始终没有边界感，总是强迫你做你不愿意做的事情，你因此感到愤怒，不愿回家，或者即使回家也不愿与他交流。在这种情况下，**外在宽恕是你与父亲进行心理博弈的一种策略。一旦对方释放善意，你就可以选择外在宽恕，以强化他持续释放善意的行为。**

然而，**内心宽恕则不同，你应该将它无条件地给予自己。**为什么？因为如果你内心积聚了太多负能量，还没等对方采取任何行动，你就已经被怨恨、悲伤等负面情绪裹挟。这些负面情绪会让你感到焦虑、压抑，甚至陷入抑郁。因此，做到内心宽恕不是为了对方，**而是为了放过你自己。**

有一句非常有智慧的话："**弱者报复，强者宽恕，智者忽略。**"这句话深刻地揭示了宽恕的不同层次。**你要设法成为强者，然后最好能成为智者。**

成为强者需要"钝感之心"，成为智者则需要"升级之心"。

02　第二颗心：钝感之心

钝感的反面是敏感，敏感是过度反应，而过度反应会让你承受两份痛苦：一份来自别人，另一份则来自自己。所以，拥有钝感之心是你成为蓬勃的人的关键手段。

那么，如何才能拥有钝感之心呢？

答案是你需要向高手学习，锚定"主线任务"，对"内在父亲"发出的杂音保持"选择性忽视"。得到 App 的联合创始人快刀青衣就是这么一个拥有钝感之心的高手，他仅在参加工作的第二年就当上了某家知名互联网公司的基层管理人员，他是怎么做到的呢？

在一次与上级的交流中，快刀青衣提出了一个既实际又具有前瞻性的建议："领导，我们夜班团队有 4 名成员，但工作量并不饱和。每人每周的夜班补贴为 200 元，总计 800 元。虽然我的工作经验尚浅，但我能胜任团队的所有任务。更重要的是，只需要一份加班补贴就足以激励我全力以赴。是否可以考虑将这个机会给我？"

这一提议不仅展现了快刀青衣对自己能力的信心，也体现了他对公司资源利用效率的关注。随后，他连续 8 个月负责夜班工作，每月获得超过 3200 元的夜班补贴，远远超过了其基本薪资。更重要的是，通过独自处理大量问题，快刀青衣积累了宝贵的经验，迅速成长，最终成为团队中的佼佼者，晋升速度远超同事。

我相信你在读了这个故事后，你的"内在父亲"一定会产生看法："这样做会不会过于直接？团队其他成员会有何反应？领导会如何看待这种请求？"你看，这就是高手钝感之心发挥作用的地方。快刀青衣屏蔽了"别人会怎么想"的杂念，一心锚定他自己的"主线任务"——提升自我价值和专业技能。**这不仅使他把握住了关键的发展机遇，还使他在客观上成了强者。**

03 第三颗心：升级之心

你听说过"忒修斯之船"吗？公元1世纪时普鲁塔克提出了一个问题："如果忒修斯有一艘船，随着岁月的流逝，逐渐更换其所有的木板，直到最后船上没有一块原始的木板。那么，这艘船还能被认为是原来的那艘忒修斯之船吗？"这个问题曾引发过关于身份和变化的深刻讨论。

每个人都相当于一艘忒修斯之船，每一年、每个月乃至每一天都在不断地更新和进化，以适应不断变化的世界。只不过有些人主动寻求升级，另一些人则可能拒绝升级。那些更愿意持续升级的人就拥有升级之心。

过去的你可能是战斗型孩子、回避型孩子、"躺平"型孩子、讨好型孩子乃至混合型孩子中的任意一类，但这只是过去的你。未来的你，通过运用升级之心，有策略地"把自己重新养育一遍"，你也能如"忒修斯之船"一般，成为一艘崭新的船。

具体要怎么拥有升级之心呢？可以从以下4个方面入手。

第一，头脑升级，学习新事物。升级的核心在于开放，固化的本质在于守旧。当你能通过个人成长，学习新事物，拓宽能力边界，你就能实现升级。

第二，情感升级，建立温暖和信任的关系。温暖和信任的关系将滋养你，让你获得归属感、亲密感以及被真正了解的感觉。

第三，心灵升级，拥有精神生活。允许一切发生，以接纳获得平静；每天进行5~10分钟的冥想，以实现专注；不时地去连接自然，以实现超越。

第四，灵魂升级，找到人生意义。找到一件你愿意为之全力以赴的事，并尽自己最大努力去做，这会让你心无旁骛，更不容易受到干扰。

04 最后的话

宽恕之心，让我们从怨恨的泥沼中挣脱，拥抱更加广阔的天空。

钝感之心，教会我们在风雨中站立，不让外界的声音扰乱内心的平静。

升级之心，如同一支永不熄灭的火炬，照亮我们前行的道路，驱散无边的黑暗。

综上，希望你有战略定力和耐心。你要相信，暴君式父亲的阴霾只能影响你的过往，蓬勃终将成为你的底色。长期按照本书介绍的方法去练习，每天进步一点，你将逐渐成为那个心中有梦、眼里有光、脚下有路的人，你将蓬勃生长、光芒万丈。

后 记

这是我完成的**第 17 本书**，按照我设定的写 50 本书的目标，如今的进度为 **34%**。

我的父亲离开我和母亲已经整整 17 年了。记忆中的他，性情极为暴烈，自幼习武的经历更让他在邻里间获得了"老虎"的绰号，周遭之人无不畏之如畏虎。即便是他的亲兄长——我的伯父，也曾因他的怒火而噤若寒蝉。

孩童时期，一方面，我对父亲的恐惧几乎成了一种本能反应。每当预感到他即将发怒，我总是迫不及待地恳求宽恕，以免遭受责罚。或许正是这些经历使我变成了讨好型孩子。

但另一方面，我对父亲又有一种难以言表、极其复杂的情感。这种情感尤为深刻，尤其当母亲讲述起父亲在肝癌晚期时的情景更是如此：那时的他，心中充满了对未来美好的憧憬，希望能看到我的孩子出世，并梦想着每日接送我的孩子上下学。每当回想起这些，我的眼睛总会不由自主地涌出泪水。

因此，撰写本书不仅是运用心理学策略对"如何与暴君式父亲相处"进行的一次深入探讨，也是我缅怀父亲的一种方式。我希望通过文字整理那些复杂的回忆与情感，同时向父亲表达我未曾说出口的思念与感激。

我想说："无论父亲曾怎样对待我，也无法改变他是我的父亲的事实。而且，生活总是在向前迈进。更重要的是，我们需要改变内心深处的'内在父亲'。"通过自我成长与疗愈，我们可以改变那些根深蒂固的影响，让内心更加积极与健康。

所以，我希望本书提供的洞察、策略与工具等，能够帮助你构建起一个更加有效的"回应、思考与践行"的体系，让你能够成为一个更加蓬勃的人，也希望在你合上本书之后，这份力量也能持续地影响你、引导你。因为我坚信，**真正的改变始于内心，而内心的力量足以重塑一个人的命运**。

最后，请让我感谢 4 位贵人。

首先，我想向人民邮电出版社的**朱伊哲老师**致以最深切的感谢。朱老师与我共同策划并实施了一系列具有深远意义的心理科普项目，其中包括销量达 20 万册的《不强势的勇气：如何控制你的控制欲》（文字版）、微信读书 App 推荐值截至目前超过 85% 的《了不起的自驱力：唤醒孩子学习的源动力》、受到中小学教师广泛好评的《抢分：偏科自救指南》，以及扩展至 30 个亲子高频场景、加配了治愈系心理漫画的《不强势的勇气：如何控制你的控制欲（漫画实践版）》，还有倡导"消费降级，灵魂升级"的《低成本生活：如何让你的人生省钱又省力》。

这一系列图书不仅是我们合作关系不断深化的见证，更是我们的共同理念与不懈努力在心理科普领域的结晶。本书的顺利完成不仅标志着我们在心理科普之路上树立了新的里程碑，也预示着我们将携手探索更加宽广的主题领域。

在此，我衷心表达对朱伊哲老师的崇高敬意，感谢她全程给予我的智慧指导和支持。她的贡献使我们的合作远超出普通文字工作的范畴，变成了一段充满启示与成就的非凡旅程。

其次，我要借此机会向我的爱人**王怡女士**表达深深的感激之情，感谢她一直以来的支持与理解。在我追求个人目标的过程中，她始终是我最坚强的后盾，给了我无限的动力和信心。

同时，我也想向我的儿子**何昊伦同学**致以最热烈的祝贺！今年，正在读初二的他，凭借不懈的努力，不仅连续取得了班级成绩的第一名，还荣获了4项上海市市级荣誉奖项。作为一名力求成为"非暴君式父亲"的家长，我感到无比自豪与欣慰。我深知，孩子每一次进步的背后，都离不开他辛勤的汗水与坚持不懈的精神。这些成就不仅是对昊伦个人能力的认可，更是对他积极向上的态度的肯定。我始终相信，教育的本质在于激发孩子的内在潜能，鼓励他们勇敢追求自己的梦想。因此，我不仅为昊伦取得的成就感到高兴，更为他展现出的优秀品格而感到骄傲。希望昊伦在未来的学习和生活中能够继续保持这份热情与执着，向着更高更远的目标前进。

最后，我想向此刻**正在阅读这些文字的你**致以最诚挚的感谢。你的每一次翻阅、每一次沉思都是对我莫大的鼓舞与肯定。你不仅是本书的读者，也是我成长道路上**不可或缺的贵人**。我由衷地希望你能通过这些文字找到成为更好的自己的策略与途径，让生活的每一刻都充满意义与成长。

愿本书连同我迄今为止出版的其他 16 本书都能成为你人生旅途上的一盏盏明灯，照亮你前行的道路。

愿每一位读完此书的朋友都能成功疗愈自己。

愿我们每个人都能在未来的日子中成为心中有梦、眼里有光、脚下有路的人，蓬勃生长、光芒万丈。

最后的最后，**希望基于本书的交流只是我们成就彼此的开始，因为人生所有的"修行"都只为在更高的地方遇见更好的自己。**如果你愿意进一步探讨暴君式父亲或者任何有关心理科普的话题，抑或是仅仅希望向我分享你的故事与感悟，我都诚挚地邀请你通过微信（公众号：何圣君）与我建立更深的连接。

何圣君

2025 年 3 月 13 日于上海